APRENDIZAJE AUTOMÁTICO

CON PYTHON

La guía definitiva para principiantes para aprender aprendizaje automático con Python paso a paso

TABLA DE CONTENIDO

iv

CAPÍTULO 1

Presentación de Aprendizaje automático y Python

1.1 Aprendizaje automático

Aprendizaje automático es la ciencia de la extracción de información significativa de los datos. Es ciencia multidisciplinar que involucra varias disciplinas como estadísticas, inteligencia artificial y ciencias de la computación. Además, tiene amplias aplicaciones en la vida cotidiana. Desde recomendaciones de qué producto comprar, hasta qué película o serie de televisión ver. Muchos sitios web y sitios de redes sociales también utilizan algoritmos complejos de aprendizaje automático para sus operaciones.

1.2 Tipos de aprendizaje automático

Los métodos de aprendizaje automático se clasifican en varias categorías. Esta clasificación depende de una serie de factores, incluyendo si pueden ser entrenados por humanos o no, si pueden aprender de forma incremental, o si pueden determinar patrones en datos y construir modelos.

1.2.1 Aprendizaje automático supervisado

En los métodos de aprendizaje automático supervisados, el algoritmo busca la salida deseada en función de la input proporcionada por el usuario. En otras palabras, estos métodos pueden automatizar los procesos de toma de decisiones a partir de la generalización de ejemplos conocidos. Identificar dígitos escritos a mano es un famoso ejemplo de algoritmos de aprendizaje automático supervisados. En este ejemplo, el escaneo de la escritura a mano es la entrada y los dígitos reales son salidas deseadas. Otro ejemplo es la previsión meteorológica basada en datos históricos. Los algoritmos supervisados más famosos son los siguientes:

- k-cercas vecinos

- Regresión lineal

- Redes neuronales

- Soporta máquinas vectoriales

- Regresión logística

- Árboles de decisión y bosques aleatorios

1.2.2 Aprendizaje automático no supervisado

En estos tipos de algoritmos de aprendizaje automático, solo se conoce la entrada, mientras que no se proporcionan datos de salida. Un ejemplo de un algoritmo de aprendizaje no supervisado es filtrar correos no deseados mediante clústeres. Otro ejemplo es la identificación. Los algoritmos no supervisados más famosos son los siguientes:

- k-means agrupacion

- Agrupacion jerárquico

- Análisis de componentes principales

1.2.3 *Aprendizaje de Refuerzo*

El aprendizaje de refuerzo es un tipo de métodos de aprendizaje automático en los que se deben tomar medidas adecuadas para maximizar la recompensa en una situación particular. Estos algoritmos son empleados por muchos software y máquinas para determinar el mejor comportamiento posible en una situación específica. Los algoritmos de aprendizaje de refuerzo se pueden aplicar en varios campos, como la automatización industrial, el procesamiento de datos y la creación de sistemas de formación.

1.3 Instalación de Python

Python es un potente lenguaje de programación desarrollado por Guido Van Rossum a finales de la década de 1989. Este lenguaje se utiliza actualmente en muchos dominios, como el desarrollo web, el desarrollo de software, la educación y el análisis de datos. Las razones de su uso generalizado incluyen:

- Python es fácil de aprender y entender

- La sintaxis de Python es fácil

- Python tiene su propia forma de administrar la memoria asociada a los objetos.

- Python no es un software de propiedad.

- Es compatible con todas las plataformas (es decir, Windows, Linux y Mac)

- Se puede interconectar con otros lenguajes de programación

- Muchas bibliotecas y paquetes de Python están disponibles para la ciencia de datos y las aplicaciones relacionadas con el aprendizaje automático.

1.3.1 Instalación de una distribución de Python

Anaconda es una distribución gratuita y abierta del lenguaje de programación Python para la informática científica, así como aplicaciones relacionadas con el aprendizaje automático. Simplifica la administración e implementación de paquetes. Actualmente, la distribución de Anaconda es utilizada por más de 13 millones de personas e incluye más de 1.400 paquetes de ciencia de datos populares. Para instalar la distribución de Anaconda en Windows, siga los pasos de bramido:

Paso 1: Descargue el archivo de distribución de Anaconda más reciente de https://www.anaconda.com/distribution/

Existen opciones de descarga para sistemas operativos de 32 y 64 bits (Figura 1.1).

Paso 2: Haga clic en el archivo de instalación ejecutable. Aparecerá una pantalla de bienvenida (Figura 1.2)

Paso 3: Haga clic en Siguiente, lea y acepte el acuerdo de licencia haciendo clic en el botón "Acepto" (Figura 1.3)

Paso 4: Elija el tipo de instalación (es decir, un usuario o todos los usuarios) (Figura 1.4)

Paso 5: Elija una ubicación para instalar la distribución python Anaconda P(Figura 1.5)

Paso 6: Seleccione todas las opciones en la pantalla "Opciones avanzadas de instalación" e ignore todas las advertencias (Figura 1.6) y haga clic en el botón "Instalar".

Paso 7: Espere hasta que la instalación sea complete (Figura 1.7) y luego haga clic en el botón "siguiente"

Paso 8: Ahora la distribución de La pitón de Anaconda se ha instalado con éxito, haga clic en el Botón "Finalizar" (Figura 1.8)

Paso 9: Para comprobar si el Anaconda se ha instalado con éxito, en el comando prompt tipo python, debería ver python shell como se muestra en la Figura 1.9

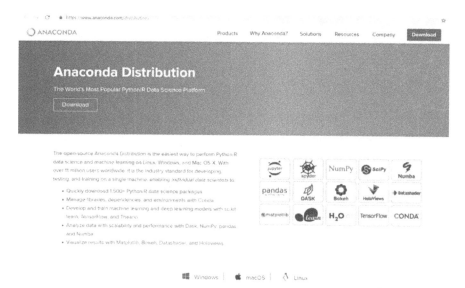

Figure 1.1 Sitio web de distribución de Anaconda

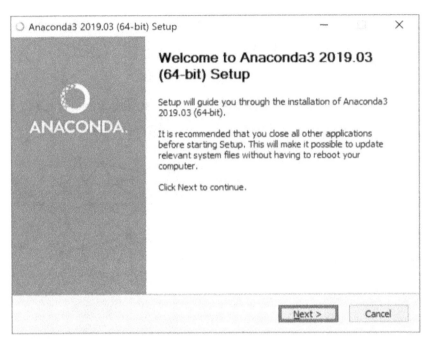

Figure 1.2 Pantalla de bienvenida de instalación de Anaconda

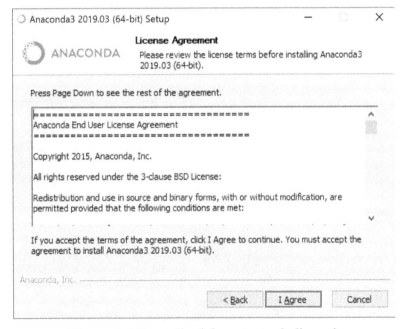

Figure 1.3 Pantalla del contrato de licencia

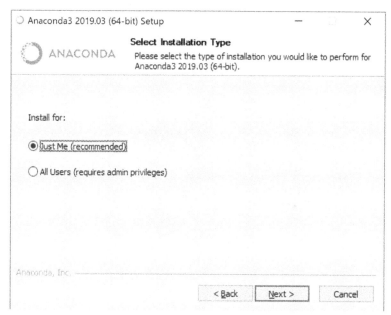

Figure 1.4 Pantalla de tipo de instalación

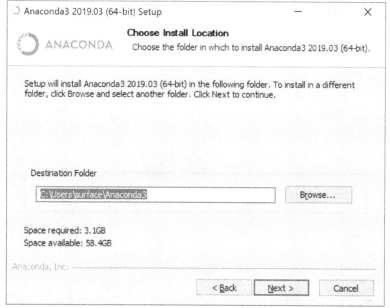

Figure 1.5: Elija la pantalla de la carpeta de destino

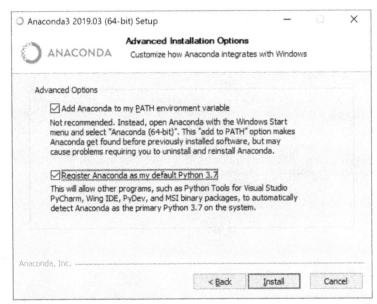

Figure 1.6 Pantalla de opciones de instalación avanzada

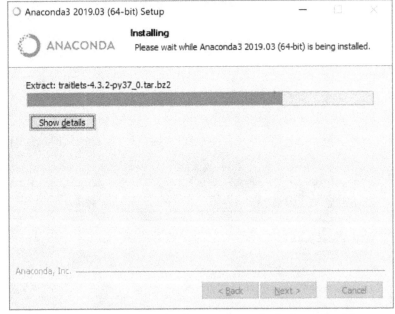

Figure 1.7: Pantalla de progreso de la instalación

Figure 1.8 Instalación Pantalla completa

```
Command Prompt - python                                          —    □    ×
Microsoft Windows [Version 10.0.17134.765]
(c) 2018 Microsoft Corporation. All rights reserved.

C:\Users\surface>python
Python 3.7.3 (default, Mar 27 2019, 17:13:21) [MSC v.1915 64 bit (AMD64)] :: Anaconda, Inc. on win32

Warning:
This Python interpreter is in a conda environment, but the environment has
not been activated.  Libraries may fail to load.  To activate this environment
please see https://conda.io/activation

Type "help", "copyright", "credits" or "license" for more information.
>>>
```

Figure 1.9 Shell de Python

1.3.2 *Cuaderno de Jupyter*

Una de las herramientas más convenientes para escribir programas python y trabajar con bibliotecas científicas es Jupyter Notebook. Jupyter Notebook es una aplicación web basada en código abierto. El usuario tiene la capacidad de escribir y ejecutar código Python. Además, el usuario puede elegir, crear y compartir documentos. Además, proporciona una salida con formato que puede contener tablas, figuras y expresiones matemáticas. Para utilizar Jupyter Notebook siga los pasos de bramido:

Paso 1: Jupyter Notebook se instala con Anaconda Python Distribution. Después de instalar Anaconda, vaya al menú de inicio y ejecute Jupyter Notebook (Figura 1.10)

Paso 2: Después de abrir el cuaderno de Jupyter, aparecerá una pantalla de shell "Jupyter Notebook" (Figura 1.11)

Paso 3: Después de unos segundos, el panel de control "Jupyter Notebook" se abrirá en el navegador predeterminado (Figura 1.12)

Paso 4: Ahora, el usuario puede inicializar un nuevo editor de Python haciendo clic en la lista desplegable "Nuevo" y elegir "Python 3" (Figura 1.13)

Paso 5: Se abrirá un editor de Python de Jupyter Notebook (Figura 1.14)

Paso 6: Ahora el usuario puede escribir y ejecutar códigos Python. En la Figura 1.15 un famoso "Hola El código World" está escrito y ejecutado

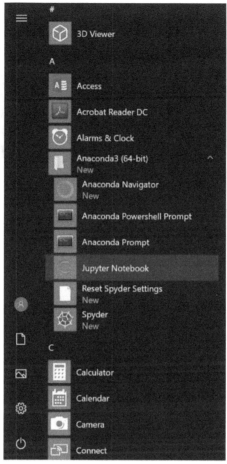

Figure 1.10 Icono de Cuaderno de Jupyter

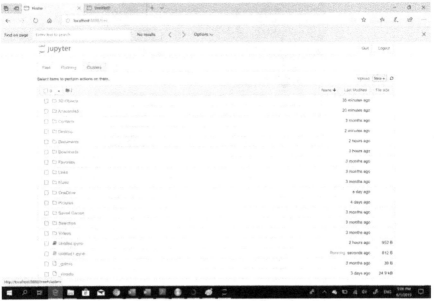

Figure 1.11 Jupyter Notebook Shell

Figure 1.12 Panel de Jupyter Notebook

12

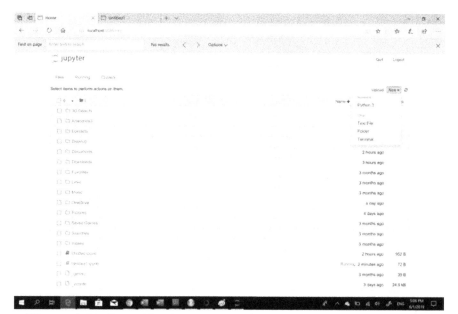

Figure 1.13 Creación de un nuevo bloc de notas de Jupyter para Python

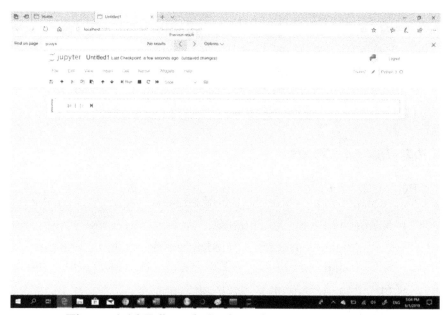

Figure 1.14 Editor de Python de Jupyter Notebook

13

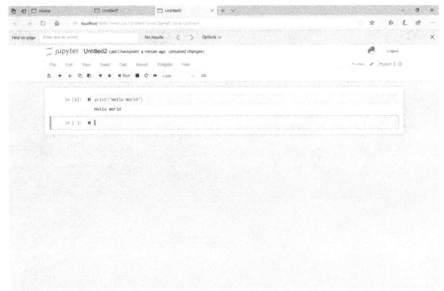

Figure 1.15 Escritura y ejecución de código Python en Jupyter Notebook

1.4   Fundamentos de la programación de Python

Después de aprender a instalar Python, en esta sección los fundamentos de la programación de Python que se deben aprender para escribir programas python básicos se describirán.

1.4.1 Tipos de Datos

En Python, los tipos de datos se dividen en las siguientes categorías:

1) **Números**: Incluye enteros, números flotantes y números complejos. Los enteros pueden ser de cualquier longitud y solo están limitados por la memoria disponible de la máquina. Los puntos decimales pueden contener hasta 15 decimales

14

2) **Cadenas**: Incluye una secuencia de uno o más caracteres. Las cadenas pueden contener números, letras, espacios y caracteres especiales.

3) **Boolean:** Incluye valores lógicos True o False.

4) **Ninguno:** Representa cuando el valor de una variable está ausente

1.4.2 Estructuras de datos

Una estructura de datos o tipo de datos es un determinado método en el que se basa un lenguaje de programación para organizar los datos para que se puedan utilizar de la manera más eficaz. Python cuenta con cuatro de estos tipos de datos. Vamos a repasarlos uno por uno.

1) **Listas:** Colecciones ordenadas, modificables, indexadas y permiten miembros duplicados.

2) **Tuplas:** Colecciones ordenadas, inmutables, indexadas y permiten miembros duplicados.

3) **Conjuntos:** colecciones que están desordenadas, no indizadas y no permiten miembros duplicados.

4) **Dicts (Diccionarios):** colecciones que están desordenadas, cambiables, indexadas y no permiten miembros duplicados.

1.4.2.1 Lista

Las listas de Python se pueden identificar mediante el uso de corchetes. La idea es poner los elementos de forma ordenada separando cada elemento con una coma. Los elementos pueden contener diferentes tipos de datos o incluso otras listas (lo que da como resultado listas anidadas). Después de la creación, puede modificar la lista agregando o quitando elementos. También es posible buscar a través de la lista. Puede acceder al contenido de las listas haciendo referencia al número de índice.

Ejemplo

```
In [1]:  ▶  list = ["sam", "bob", "sara"]

In [2]:  ▶  print(list)

             ['sam', 'bob', 'sara']

In [ ]:  ▶
```

1.4.2.2 Tupla

Las tuplas usan paréntesis para incluir los elementos. Aparte de eso, las tuplas se estructuran de la misma manera que las listas y todavía puede subirlas haciendo referencia al número de índice entre corchetes. La principal diferencia es que no se pueden cambiar los valores una vez que se crea la tupla.

Ejemplo

```
In [3]:  ▶  tuple=("sam", "bob", "sara")
             print(tuple)

             ('sam', 'bob', 'sara')
```

1.4.2.3 Set

Cuando se utilizan llaves para rodear una colección de elementos, se crea un conjunto. A diferencia de una lista (que es algo que naturalmente se pasa de arriba a abajo), un conjunto está desordenado, lo que significa que no hay ningún índice al que pueda hacer referencia. Sin embargo, puede usar un "bucle for" para examinar el conjunto o usar una palabra clave para comprobar si se puede encontrar un valor en ese conjunto. Los conjuntos le permiten agregar nuevos elementos, pero no cambiarlos.

Ejemplo

```
In [4]:  ▶  set = {"sam", "bob", "sara"}
            print(set)

            {'sara', 'sam', 'bob'}
```

1.4.2.4 Dicts (Diccionarios)

Los diccionarios o dictados se basan en las mismas llaves que los conjuntos y comparten las mismas propiedades desordenadas. Sin embargo, los dicts se indizan por nombres de clave, por lo que debe definir cada uno separando el nombre y el valor de la clave con dos puntos. También puede modificar los valores del dict a través de referencia a sus nombres de clave correspondientes.

Ejemplo:

```
In [5]:  ▶  dict = {
                "name1":"sam",
                "name2":"bob",
                "name3":"sara"
            }
            print(dict)

            {'name1': 'sam', 'name2': 'bob', 'name3': 'sara'}
```

1.4.3 Nombres o identificadores de variables

En python, los nombres de variables o identificadores (es decir, nombres dados a variables, funciones, módulos, ...) pueden incluir letras minúsculas o mayúsculas, números, paréntesis y guiones bajos. Sin embargo, los nombres e identificadores de Python no pueden comenzar con dígitos.

Ejemplo: En el primer ejemplo dado en la Figura 1.16, se asigna una variable llamada "test" con un valor de 2. En el segundo ejemplo se define una variable llamada "1test" y se asigna con un valor de 2. Sin embargo, como se mencionó anteriormente, python no acepta un nombre de variable que comience con un dígito, por lo que aquí da un error. Hay algunas palabras clave predefinidas que están reservadas por python y no se pueden utilizar como nombres de variables e identificadores. La lista de estas palabras clave se indica en la Tabla 1.1

```
In [1]:  ▶  test = 2

In [2]:  ▶  1test = 2
                File "<ipython-input-2-f8b048e1ff71>", line 1
                    1test = 2
                        ^
                SyntaxError: invalid syntax
```

Figura 1.16 Definición de variables en Python

1.4.4 *Operaciones aritméticas en Python*

Al igual que otros lenguajes de programación, las operaciones aritméticas básicas, como sumar, restar, división, multiplicación y exponenciación, se pueden realizar en PPython. Los operadores aritméticos y sus símbolos correspondientes se resumen en el cuadro 1.2.

Tabla 1.2 Operadores aritméticos en Python

Símbolo del operador	Nombre del operador	Descripción del operador
+	Adición	Agrega los dos valores
-	Resta	Resta los dos valores
*	Multiplicación	Da el producto de dos valores
/	División	Produce los cocientes de dos valores
%	Módulo	Divide dos valores y devuelve el resto
**	Exponente	Devuelve potencia exponencial
//	División de pisos	Devuelve la parte integral del cociente

Ejemplos: A continuación se muestran ejemplos de operaciones aritméticas en Python:

```
In [1]:  ▶  10 + 2

Out[1]:  12

In [2]:  ▶  10 - 2

Out[2]:  8

In [3]:  ▶  10 * 2

Out[3]:  20

In [4]:  ▶  10 / 2

Out[4]:  5.0

In [5]:  ▶  10 ** 2

Out[5]:  100

In [6]:  ▶  10 % 2

Out[6]:  0

In [7]:  ▶  10 // 2

Out[7]:  5
```

1.4.5 Operadores de asignación

Los operadores de asignación se utilizan para asignar los valores
después de evaluar los operandos en los lados derecho. Estas
asignaciones funcionan de derecha a izquierda. El operador de
asignación más simple es el signo igual que se utiliza para asignar
simplemente el valor del lado derecho al operando en el lado
derecho. Todos los operadores de asignación se resumen en la tabla
1.3.

Tabla 1.3 Operadores de asignación en Python

Símbolo del operador	Nombre del operador	Descripción del operador
=	Asignación	Asigna el valor del operando izquierdo al operando derecho
+=	Adición	Agrega los valores de los operandos derecho a la izquierda y asigna los resultados a la izquierda
-=	Resta	Restar los valores de los operandos derecho a la izquierda y asigna los resultados a la izquierda
*=	Multiplicación	Multiplica los valores de los operandos derecho a la izquierda y asigna los resultados a la izquierda
/=	División	Divide los valores de los operandos derecho a la izquierda y asigna los resultados a la izquierda
**=	Exponentiation	Calcula la potencia exponencial y asigna el

		resultado al operando izquierdo
//=	División de Piso	Calcula la parte integral del cociente y asigna el resultado al operando izquierdo
%=	Resto	Calcula el resto del cociente y asigna el resultado al operando izquierdo

Ejemplos : A continuación se muestran ejemplos de tareas operations en Python:

```
In [10]:   m = 2
           m+=1
           print(m)

           3
```

```
In [12]:   m = 5
           n = 2
           m-=n
           print(m)

           3
```

```
In [13]:   m = 4
           n = 3
           m*=n
           print(m)

           12
```

1.4.6 Operadores de comparación

Los operadores de comparación se utilizan para comparar los valores de los operandos. Estos operadores devuelven valores booleanos (lógicos), True o False. Los valores de los operandos pueden ser números, cadenas o valores booleanos. Las cadenas se comparan en función de su orden alfabético. Por ejemplo, "A" es menor que "C". Todos los operadores de comparación figuran en la tabla 1.4.

Cuadro 1.4 Operadores de comparación

Símbolo del operador	Nombre del operador	Descripción del operador
==	Igual a	Devuelve True si los operandos de ambos lados son iguales, de lo contrario devuelve false
!=	No es igual a	Devuelve True si los operandos de ambos lados no son iguales, de lo contrario devuelve false
>	Mayor que	Devuelve True si el operando en el lado izquierdo es mayor que el operando en el lado derecho
<	Menos de	Devuelve True si el operando en el lado izquierdo es menor que

		el operando en el lado derecho
>	Dos mayores o iguales	Devuelve True si el operando en el lado izquierdo es mayor o igual que el operando en el lado derecho
<o	Menos o igual a	Devuelve True si el operando en el lado izquierdo es menor o igual que el operando en el lado derecho

Ejemplos: A continuación se muestran ejemplos de operaciones de comparación en Python:

```
In [14]:  ▶  m = 2
             n = 10
             m != n

Out[14]:  True


In [15]:  ▶  m = 2
             n = 10
             m >= n

Out[15]:  False
```

1.4.7 Operadores lógicos

Los operadores lógicos se utilizan para comparar los valores lógicos de dos operandos. Estos operadores devuelven el valor lógico True o False después de evaluar los operandos. Los operadores lógicos en python se resumen en la Tabla 1.5.

Tabla 1.5 Operadores lógicos en Python

Símbolo del operador	Nombre del operador	Descripción del operador
Y	Lógico Y	Evalúa los valores booleanos de dos operandos y devuelve True si ambos operandos son True
O	Or lógico	Evalúa los valores booleanos de dos operandos y devuelve True si al menos de los operandos es True
No	Lógico NO	Evalúa los valores booleanos de dos operandos y devuelve True si ninguno de los operandos es True

Ejemplos: A continuación se muestran ejemplos de operaciones de comparación en Python:

```
In [16]:  ▶  m = 2
             n = 5
             (m > n) and (m != n)

Out[16]:  False

In [17]:  ▶  m = 4
             n = 6
             (m < n) or (m == n)

Out[17]:  True
```

1.4.8 Sangría

Las sangrías se utilizan para organizar los programas y aumentar la legibilidad. A diferencia de muchos otros lenguajes de programación, la sangría es obligatoria en Python.

1.4.9 Adición de comentarios

Añadir comentarios es muy importante en la programación. Los comentarios son notas que describen lo que un programa o una parte del programa está haciendo. El compilador del programa omite los comentarios. En Python comments se puede representar de dos maneras:

1) **Comentario de una sola línea:** Comience con el símbolo ( ) , haciendo todo el texto después de eso en la misma línea que un comentario

Ejemplo:

```
In [18]:  ▶  # THis is a single-line comment
```

26

2) **Comentario de varias líneas**: empiece con una cita triple ('''), y se utiliza para agregar comentarios en varias líneas:

Ejemplo:

```
In [19]:  ▶  '''This is
             Multi-line
             comment'''
```

1.4.10 Palabras clave de Python

Antes de planificar los nombres de las funciones, variables e identificadores, asegúrese de comprobar la tabla 1.6. Estos nombres no se pueden utilizar simplemente porque son palabras clave especiales reservadas para Python.

Tabla 1. 6 Palabras clave reservadas en Python y su descripción

Palabra clave	Descripción
and	Se utiliza como operador lógico
as	Se utiliza para crear un alias
Afirmar	Se utiliza para la depuración
Romper	Se utiliza para salir de un bucle
Clase	Se utiliza para definir una clase
Continuar	Se utiliza para continuar con la siguiente iteración de un bucle
def	Se utiliza para definir una función

del	Se utiliza para eliminar un objeto
Elif	Se utiliza para realizar una instrucción condicional (abreviatura de otro if)
Más	Se utiliza para hacer una declaración condicional
Excepto	Se utiliza para controlar las excepciones cuando se producen
false	Se utiliza como un valor booleano (resultado de las operaciones de comparación)
Finalmente	Se utiliza para controlar las excepciones, se produzcan o no
fo	Se utiliza para crear un "bucle para"
De	Se utiliza para importar partes específicas de un módulo
Global	Se utiliza para declarar una variable global
if	Se utiliza para hacer una declaración condicional
Importación	Se utiliza para importar un módulo
in	Se utiliza para comprobar la presencia de un valor en una lista, tupla, dictado o conjunto
is	Se utiliza para probar si dos variables son iguales
Lambda	Se utiliza para crear una función anónima
nuno	Se utiliza como un valor nulo
no local	Se utiliza para declarar una variable no local

not	Se utiliza como operador lógico
or	Se utiliza como operador lógico
Pasar	Se utiliza como una instrucción nula donde no se realiza ninguna acción
Levantar	Se utiliza para generar una excepción
devolución	Se utiliza para salir de una función y devolver un valor
true	Se utiliza como un valor booleano (resultado de las operaciones de comparación)
try	Se utiliza para hacer un "try... excepto" declaración
Mientras	Se utiliza para crear un bucle "while"
with	Se utiliza para simplificar el control de excepciones
Rendimiento	Se utiliza para finalizar una función y devolver un generador

1.4.11 Flujo de control

El flujo de control de un programa Python consta de instrucciones condicionales, llamadas de función y bucles. Juntos, determinan el orden de ejecución de ese código de programa.

1.4.11.1 La declaración if

Los bloques de instrucción if se utilizan cuando necesitamos ejecutar algunas instrucciones solo sise cumplen algunas condiciones s o cuando necesitamos elegir instrucciones para ejecutar dependiendo de varias condiciones mutuamente excluyentes. La instrucción de flujo de control de decisión *if* debe comenzar con *if* y terminar con dos puntos. La expresión de una instrucción *if* debe ser una expresión booleana (lógica). La instrucción *if* evalúa si se debe ejecutar alguna instrucción determinada o no en función del valor de la expresión booleana. Si la expresión booleana devuelve True, se ejecutarán las instrucciones del bloque *if;* en caso contrario, si el resultado es *False* no se ejecuta ninguna de las instrucciones. En Python, las instrucciones *de* bloque if deben estructurarse mediante sangría y la primera instrucción sin sangría representa el final del bloque if.

Ejemplo:

```
In [25]:    ▶   m = 3
                n = 5
                if (m < n):
                    print("m is less than n")

                m is less than n
```

En el ejemplo anterior, el bloque if evalúa si el valor de la variable m es menor que el valor de la variable n, si el resultado es True, imprime el mensaje en la pantalla. El *si... Elif... otra vez* también se denomina una instrucción de control de decisiones multi-way, esta declaración de control se utiliza cuando necesitamos elegir entre varias condiciones posibles,   a continuación, una instrucción *elif* se utiliza junto con una instrucción *if.*   La palabra clave '*elif*' es la abreviatura de'else if' y es usado para evitar la sangría excesiva o muchos anidados si bloques dentro de uno al otro. La   instrucción *else* siempre debe venir como el último bloque.

Ejemplo:

```
In [24]:  ▶  m = 3
             n = 5
             if (m > n):
                 print("m is greater than n")
             elif (m < n):
                 print("m is less than n")

             m is less than n
```

En el ejemplo anterior, la instrucción if evalúa primero si el valor de m es mayor que n, si es True, imprimirá el mensaje en la pantalla, mientras que si es False, imprimirá el mensaje opuesto en la pantalla. En algunas situaciones, debe colocar una instrucción *if* dentro de otra instrucción. Tales instrucciones if que están dentro de otra if instrucciones en su bloque if o else bloque se denominan instrucciones if anidados.

Ejemplo:

```
In [31]:  ▶  m = -100
             if (m <= 0):
                 if (m == 0):
                     print("m is zero")
                 else:
                     print("m is negative")
             else:
                 print("m is positive")

             m is negative
```

1.4.11.2 El bucle While

La instrucción while en Python se utiliza cuando queremos ejecutar repetidamente una instrucción o bloque de instrucciones controlada por una expresión condicional. El bucle *while* debe comenzar con el *while* y termina con dos puntos. Con una instrucción while, lo primero que se hace es que la expresión booleana (lógica) se evalúa antes de las instrucciones en el *while* bloque de bucle se ejecuta. Si devuelve *False*, las instrucciones del bloque de bucle *while* no se ejecutan. Mientras que, Si la expresión booleana devuelve *True*, se ejecuta el bloque de bucle *while*. Después de cada iteración del bloque de bucle, la expresión booleana se evalúa de nuevo y este proceso se repite de nuevo hasta que la expresión booleana devuelve False.

Ejemplo

In [43]: ▶
```
m = 1
while (m <= 10):
    print ("m =",  m)
    m += 1
```

```
m = 1
m = 2
m = 3
m = 4
m = 5
m = 6
m = 7
m = 8
m = 9
m = 10
```

1.4.11.3 El bucle For

La instrucción for en Python se utiliza cuando queremos ejecutar una instrucción o bloque de instrucciones controlada por una expresión iterable. El bucle *for* debe comenzar con la palabra clave *for* y debe terminar con dos puntos. Al principio de la iteración, el primer elemento de la expresión iterable se asigna a la variable de iteración. A continuación, se ejecutará la instrucción en el bucle y este proceso se repetirá hasta que se asignen todos los elementos de la expresión iterable.

Ejemplo

```
In [49]:  ▶  m = [1, 2, 3]
             for i in m:
                 print(i)

          1
          2
          3
```

En el ejemplo anterior, primero se declara una lista que contiene 3 enteros y, a continuación, todos los elementos de la lista se imprimen a través de un bucle while. Aquí, la variable de iteración es "i".

1.4.11.4 La declaración de interrupción

A veces necesitamos terminar un bucle cuando se cumple una condición específica. La instrucción break solo se puede utilizar dentro de un cuerpo de bucle. Cuando se ejecuta la instrucción break, el bucle finaliza. Si un bucle está anidado dentro de otros bucles, la interrupción terminará solo el bucle se encuentra dentro de él.

Ejemplo

```
In [57]:  ▶  m = [1, 2, 3]
             for i in m:
                 print(i)
                 if (i == 2):
                     break
```

```
1
2
```

1.4.11.5 La Declaración De Continuar

A veces necesitamos terminar el bucle, pero queremos continuar el bucle para las siguientes iteraciones. Para ello se debe utilizar la instrucción continue. La instrucción continue solo se puede utilizar dentro de un cuerpo de bucle. Cuando se ejecuta esta instrucción, terminará la iteración actual dentro del bucle y el bucle continuará con la siguiente iteración.

Ejemplo:

```
In [59]:  ▶  m = [1, 2, 3]
             for i in m:
                 if (i == 2):
                     continue
                 print(i)
```

```
1
3
```

34

1.4.12 Funciones

Una función es una secuencia o bloque de código que se ejecuta cuando se llama. Podemos pasar datos o parámetros a una función y una función puede devolver datos como salida. Las funciones son útiles especialmente cuando queremos ejecutar un bloque de expresiones varias veces dentro de un programa. Por lo tanto, con una función podemos evitar escribir esas expresiones varias veces. En Python, una función se define mediante la palabra clave def. Para llamar a una función, debemos usar el nombre de la función seguido de paréntesis:

Ejemplo:

```
In [61]:  ▶  def Hello_function():
              print("Hello world!")
          Hello_function()

          Hello world!
```

Como ya se ha mencionado, información se puede pasar a las funciones como parámetro de entrada s. Los parámetros se especifican después del nombre de la función, dentro de los paréntesis. No hay ninguna limitación para el número de parámetros que se pasarán a las funciones. Los parámetros deben estar separados por la coma.

Ejemplo:

```
In [63]:  ▶  def Hello_function(name):
              print("Hello " + name)
          Hello_function("sam")

          Hello sam
```

35

En Python hay muchas funciones built-in   that puede ser utilizada directamente por los usuarios. Estas funciones y sus descripciones se resumen en la tabla 1.8.

Tabla 1. 8 Funciones integradas en Python y su descripción

Función	Descripción
abdominales()	Devuelve el valor absoluto de un número determinado
all()	Devuelve True solo si todos los elementos de un objeto iterable son true
any()	Devuelve True solo si algún elemento de un objeto iterable es true
ascii()	Devuelve una versión legible de un objeto reemplazando caracteres no ASCII por caracteres de escape
bin()	Devuelve un número en formato binario
bool()	Devuelve el valor booleano de un objeto determinado
bytearray()	Devuelve una matriz de bytes
bytes()	Devuelve un objeto bytes
exigible()	Devuelve True si el objeto dado es invocable y devuelve False si no
chr()	Devuelve un carácter del código Unicode especificado.

classmethod()	Transforma un método en un método de clase
compilación()	Devuelve el origen dado como un objeto, listo para su ejecución
complejo()	Devuelve un número complejo
delattr()	Elimina el atributo dado (método o propiedad) del objeto dado
dictado()	Devuelve un diccionario (Array)
dir()	Devuelve una lista de las propiedades y métodos del objeto especificado
divmod()	Devuelve el cociente y el resto al dividir un numerador determinado por un denominador determinado
enumerar()	Toma una colección y la devuelve como un objeto enumerado
eval()	Evalúa y ejecuta una expresión
exec()	Ejecuta el código u objeto especificado
filtro()	Aplica una función de filtro para excluir elementos de un objeto iterable
float()	Devuelve un número de punto flotante
formato()	Da formato a un valor determinado
frozenset()	Devuelve un objeto frozenset

getattr()	Devuelve el valor del atributo especificado (propiedad o método)
globales()	Devuelve la tabla de símbolos global es actual como diccionario
hasattr()	Devuelve True si el objeto especificado contiene el atributo dado (propiedad o método)
hash()	Devuelve el valor hash de un objeto determinado
ayuda()	Lanza el sistema de ayuda integrado
hex()	Devuelve el valor hexadecimal de un número determinado
id()	Devuelve el identificador de un objeto
input()	Permite la entrada del usuario
int()	Devuelve un número entero
isinstance()	Devuelve True si un objeto determinado es una instancia de un objeto especificado
issubclass()	Devuelve True si una clase determinada es una subclase de un objeto especificado
iter()	Devuelve un objeto de iterador
len()	Devuelve la longitud del objeto
lista()	Devuelve una lista

locales()	Devuelve un diccionario actualizado de la tabla de símbolos local actual
mapa()	Devuelve el iterador dado con la función dada aplicada a cada elemento
max()	Devuelve el artículo más grande de un iterable
memoryview()	Devuelve un objeto de vista de memoria
min()	Devuelve el elemento más pequeño de un iterable
siguiente()	Devuelve el siguiente elemento de un iterable
objeto()	Devuelve un nuevo objeto
oct()	Convierte un número en un octal
abierto()	Abre un archivo y devuelve un objeto de archivo
ord()	Convertir un entero que represente el Unicode del carácter especificado
pow()	Devuelve el valor de x a la potencia de y
print()	Imprime en el dispositivo de salida estándar
propiedad()	Obtiene, establece, elimina una propiedad
rango()	Devuelve una secuencia de números, a partir de 0 e incrementos en 1 (de forma predeterminada)

repr()	Devuelve una versión legible de un objeto
invertido()	Devuelve un iterador invertido
redondo()	Redondea un número
set()	Devuelve un nuevo objeto set
setattr()	Establece un atributo (propiedad/método) de un objeto
rebanada()	Devuelve un objeto de sector
ordenado()	Devuelve una lista ordenada
staticmethod()	Convierte un método en un método estático
str()	Devuelve un objeto de cadena
suma()	Suma los elementos de un iterador
tupla()	Devuelve una tupla
tipo()	Devuelve el tipo de un objeto
vars()	Devuelve la propiedad __dict__ de un objeto
zip()	Devuelve un iterador, de dos o más iteradores

1.4.13 Módulos

Un module es un archivo que contiene un conjunto de funciones que queremos incluir en su programa out. para crear una leva de módulo simplemente guarde el código que queremos en un archivo con la extensión de archivo .py. Podemos usar el módulo creado, usando la instrucción import

Ejemplo

Para crear un módulo, escriba y guarde el siguiente módulo en un archivo y asíbse como hello_module.py

```
In [8]:  ▶  def greeting(name):
             print("Hello, " + name)
```

A continuación, puede importar y utilizar el módulo creado utilizando el método de importación de la siguiente manera:

```
In [12]:  ▶  import mymodule
             mymodule.greeting("sam")

             Hello, sam
```

Hay varios módulos integrados en Python, que se pueden importar y utilizar simplemente. Para enumerar todos los módulos disponibles en Python, utilice el siguiente comando.

41

```
In [66]:  ▶ help("modules")
```

```
Please wait a moment while I gather a list of all available modules...

Crypto              builtins            mistune            sortedcontainers
Cython              bz2                 mkl                soupsieve
IPython             cProfile            mkl_fft            sphinx
OpenSSL             calendar            mkl_random         sphinxcontrib
PIL                 certifi             mmap               sphinxify
PyQt5               cffi                mmapfile           spyder
__future__          cgi                 mmsystem           spyder_breakpoints
_abc                cgitb               modulefinder       spyder_io_dcm
_ast                chardet             more_itertools     spyder_io_hdf5
_asyncio            chunk               mpmath             spyder_kernels
_bisect             click               msgpack            spyder_profiler
_blake2             cloudpickle         msilib             spyder_pylint
_bootlocale         clyent              msvcrt             sqlalchemy
_bz2                cmath               multipledispatch   sqlite3
_cffi_backend       cmd                 multiprocessing    sre_compile
_codecs             code                navigator_updater  sre_constants
```

1.4.14 Manejo de errores y excepciones en Python

Un programa Python se detiene inmediatamente después de que encuentra un error. En Python, un error puede ser un error de sintaxis o una excepción. Una excepción ocurre durante la ejecución de un programa que interrumpe el flujo normal de las instrucciones del programa. En general, cuando un programa Python se enfrenta a una situación que no puede controlar, genera una excepción. Una excepción es un objeto Python que representa un error. Cuando una secuencia de comandos de Python genera una excepción, debe controlar la excepción o finaliza. Con el fin de manejar una excepción, podemos incrustar bloques try dentro de nuestro programa y donde sospechemos que puede generar una excepción. Después del bloque try, debemos incluir una instrucción except, seguida de un bloque de código que controla el problema. En el ejemplo siguiente se muestra cómo funcionan los bloques try y exceptions.

Ejemplo

```
In [14]:  ▶ try:
                print(m)
            except NameError:
                print("Variable m is not defined yet")

            Variable m is not defined yet
```

42

La instrucción try en Python también puede incluir un bloque finally opcional, which se ejecuta independientemente de cualquier condición dada.

Ejemplo

```
In [15]: ▶ try:
               print(m)
           except NameError:
               print("Variable m is not defined yet")
           finally:
               print("goodbye")

           Variable m is not defined yet
           goodbye
```

1.4.15 Manejo de archivos en Python

Una de las características más importantes de cualquier lenguaje de programación es cómo manejar archivos. En Python, la función open() cubre esta área y requiere dos parámetros para que la función work: *filename* y *mode*. El parámetro mode en realidad consta de una sola letra y una letra opcional directamente que la sucede. La primera letra designa uno de los cuatro modos:

1) "r" – Leer. Abre un archivo para leer lo o devuelve un error si no se encuentra el archivo

2) "a" - Anexar - Abre un archivo para anexar o crea un archivo utilizando el nombre de archivo dado si no se puede encontrar

3) "w" - Escribir - Abre un archivo para escribir o crea un archivo utilizando el nombre de archivo dado si no se puede encontrar

4) "x" - Crear - Crea un archivo con el nombre de archivo dado o devuelve un error si el archivo ya existe

La segunda letra determina cómo Python debe manejar el archivo

1) "t" - Texto - Modo texto/ASCII

2) "b" - Binario - Modo binario (uso para imágenes)

Si no proporciona el parámetro mode, Python usará "r" o Read como valor predeterminado. Si solo proporciona una sola letra, Python la manejará como texto o ASCII.

Ejemplo:

En el siguiente ejemplo Python abrirá un archivo denominado "test.txt" que ya existe en la carpeta same como Python en modo de lectura:

```
In [3]: ▶ file = open("test.txt", "r")
```

Ahora podemos imprimir el contenido del archivo por método de lectura:

```
In [7]: ▶ print(file.read())

            Hello
            This is a test
            Goodbye
```

De forma predeterminada, el método read() devuelve el contenido while del archivo, pero también podemos elegir cuántos caracteres se deben imprimir:

```
In [19]:  ▶  print(file.read(10))
```
```
Hello
This
```

También podemos imprimir líneas individuales de un archivo utilizando el método readline():

```
In [53]:  ▶  file = open("test.txt")
```
```
In [54]:  ▶  print(file.readline())
             print(file.readline())
             print(file.readline())
```
```
Hello

This is a test

Goodbye
```

También podemos hacer esto por la instrucción for loop de la siguiente manera:

```
In [61]:  ▶  file = open("test.txt")
```
```
In [62]:  ▶  for i in file:
                 print(i)
```
```
Hello

This is a test

Goodbye
```

También es profesional cerrar siempre el archivo cada vez que nuestra tarea haya terminado con el archivo:

```
In [63]:  ▶ | file = open("test.txt")
```

```
In [64]:  ▶ | for i in file:
              |     print(i)
              | file.close()
```

Hello

This is a test

Goodbye

1.4.16 Clases de Python

Dado que Python es un lenguaje de programación orientado a objetos, por lo tanto, el énfasis está en los objetos. Un object es un grupo de variables y funciones. Clase es un blueprint para el objeto. Una clase por sí sola no sirve de nada a menos que contenga alguna función y atributos. Esas funciones se denominan métodos. Para crear una clase, debemos usar la clase de palabra clave

Ejemplo

```
In [66]:  ▶ | class demo():
              |     n = 2
```

```
In [67]:  ▶ | m = demo()
              | print(m.n)
```

2

Todas las clases tienen una función llamada __init__(), que se ejecuta automáticamente cuando se inicia la clase.

Ejemplo

```
In [76]:  ▶  class demo:
                def __init__(self, name, number):
                    self.name = name
                    self.number = number

In [77]:  ▶  m = demo("apple", 5)
             print(m.name)
             print(m.number)

             apple
             5
```

Hay una serie de métodos construidos-en métodos disponibles en python para cada clase de objeto que se resumen en las Tablas 1.9 para

Tabla 1.9 Métodos de cadena de Python

Método	Descripción
capitalizar()	Capitaliza la primera letra de una cadena
casefold()	Convierte las letras mayúsculas presentes en una cadena en minúsculas
centro()	Devuelve una cadena centrada
conteo()	Devuelve el número de veces que se produce un valor determinado dentro de una cadena
codificar()	Devuelve una versión codificada de la cadena
termina con()	Devuelve True si la cadena termina con el valor especificado
expandtabs()	Establece el tamaño de tabulación de la cadena

encontrar()	Busca en la cadena un valor determinado y devuelve su posición o devuelve -1 si no se encuentra
formato()	Formatea los valores dados en una cadena
format_map()	Da formato a los valores dados en una cadena sin copiar en un diccionario
index()	Busca en la cadena un valor determinado y devuelve su posición o genera ValueError si no se encuentra
isalnum()	Devuelve True la cadena solo contiene letras y números
isalpha()	Devuelve True si la cadena solo contiene letras
isdecimal()	Devuelve True si la cadena solo contiene caracteres decimales (números en base 10)
isdigit()	Devuelve True si la cadena solo contiene dígitos de 0-9
isidentifier()	Devuelve True si la cadena es un identificador
es más lento()	Devuelve True si la cadena solo contiene letras minúsculas
isnumeric()	Devuelve True si la cadena solo contiene números de 0-9 u otros formularios numéricos
isprintable()	Devuelve True si la cadena solo contiene caracteres imprimibles
isspace()	Devuelve True si la cadena solo contiene espacios en blanco

istitle()	Devuelve True si la cadena sigue las reglas de un título
isupper()	Devuelve True si la cadena solo contiene letras mayúsculas
join()	Une los elementos de un iterable al final de la cadena
ljust()	Devuelve unaversión justificada izquierda de la cadena
inferior()	Convierte todos los caracteres de la cadena a minúsculas
lstrip()	Devuelve una versión de recorte izquierda de la cadena
maketrans()	Devuelve una tabla de traducción que se utilizará en las traducciones
partición()	Devuelve una tupla donde la cadena se separa en tres secciones
reemplazar()	Devuelve una cadena donde un valor determinado se reemplaza por otro valor dado
rfind()	Busca en la cadena un valor determinado y devuelve su última posición o devuelve -1 si no se encuentra
rindex()	Busca en la cadena un valor determinado y devuelve su última posición o genera ValueError si no se encuentra
rjust()	Devuelve una versión justificada a la derecha

	de la cadena
rpartition()	Devuelve una tupla donde la cadena se separa en tres secciones
rsplit()	Divide la cadena a partir de la derecha en el separador dado y devuelve una lista
tira rstrip()	Devuelve una versión de recorte derecha de la cadena
split()	Divide la cadena que comienza desde la izquierda en el separador dado y devuelve una lista
splitlines()	Divide la cadena en saltos de línea y devuelve una lista
comienza con()	Devuelve True si la cadena comienza con el valor especificado
tira()	Devuelve una cadena sin caracteres finales o principales
swapcase()	Cambia la carcasa de todas las letras de la cadena
título()	Capitaliza la primera letra de cada palabra en una cadena
translate()	Devuelve una cadena traducida
superior()	Convierte todos los caracteres de la cadena en letras mayúsculas
zfill()	Rellena la cadena con un número determinado de 0 valores al principio

Tabla 1. 10 Métodos de lista de Python

Método	Descripción
append()	Agrega un elemento al final de la lista
claro()	Elimina todos los elementos de la lista
copia()	Devuelve una copia de la lista
conteo()	Devuelve el número de elementos con el valor dado
extend()	Agregue los elementos de una lista o cualquier iterable, al final de otra lista
index()	Devuelve el índice del primer elemento con el valor dado
insert()	Añade un elemento en la posición dada
pop()	Elimina el elemento en la posición dada
remove()	Elimina el primer elemento con el valor dado
inverso()	Invierte el orden de la lista
sort()	Ordena la lista en orden ascendente o descendente

Tabla 1.11 Métodos de diccionario de Python

Método	Descripción
claro()	Elimina todos los elementos del diccionario
copia()	Devuelve una copia del diccionario
fromkeys()	Devuelve un diccionario con las claves y valores especificados
get()	Devuelve el valor de la clave dada
artículos()	Devuelve una lista que contiene una tupla para cada par de valores de clave
llaves()	Devuelve una lista que contiene las claves del diccionario
pop()	Elimina el elemento con la clave dada
popitem()	Elimina el último par clave-valor insertado
setdefault()	Devuelve el valor de la clave especificada o inserta la clave con el valor especificado si no se encuentra la clave
update()	Actualiza el diccionario con los pares clave-valor especificados
valores()	Devuelve una lista de todos los valores del diccionario

Tabla 1.12 Métodos de tupla de Python

Método	Descripción
conteo()	Devuelve el número de veces que se produce un valor determinado en una tupla
index()	Busca en la tupla un valor determinado y devuelve su posición

Tabla 1.13 Métodos de archivo Python

Método	Descripción
close()	Cierra el archivo
detach()	Devuelve la secuencia sin procesar separada del búfer
fileno()	Devuelve un número que representa la secuencia, desde la perspectiva del sistema operativo
flush()	Vacía el búfer interno
isatty()	Devuelve True si la secuencia de archivos es un terminal interactivo
read()	Devuelve el contenido del archivo
legible()	Devuelve True si se puede leer la secuencia de archivos
línea de lectura()	Devuelve una sola línea del archivo

líneas de lectura()	Devuelve una lista de líneas del archivo
buscar()	Cambiar el posicionamiento del archivo
bustable()	Devuelve True si se puede cambiar el posicionamiento del archivo
tell()	Devuelve la posición actual del archivo
truncar()	Cambia el tamaño del archivo a un tamaño determinado
grabable()	Devuelve True si se puede escribir el archivo
write()	Escribe la cadena dada en el archivo
writelines()	Escribe una lista de cadenas en el archivo

1.5   Bibliotecas de terceros Python

Los módulos o bibliotecas de terceros se pueden instalar y administrar mediante el paquete de Python

gerente pip y a través de anaconda prompt. En esta sección se introducen varias bibliotecas populares para aplicaciones relacionadas con el aprendizaje automático.

NumPy

NumPy es la biblioteca de Python más popular para el procesamiento de matrices y matrices grandes multidimensionales. Contiene una gran colección de funciones matemáticas de alto nivel y es muy útil para los cálculos científicos básicos en Aprendizaje automático. Es específicamente muy útil para el álgebra lineal, la transformación de Fourier y las capacidades de números aleatorios

Scipy

SciPy es otra biblioteca popular para Aprendizaje automático ya que contiene varios módulos para la optimización, álgebra lineal, integración y estadísticas

Scikit-learn

Scikit-learn es uno de los paquetes de aprendizaje automático más famosos para algoritmos fundamentales de aprendizaje automático. En realidad se basa en las bibliotecas básicas de Python, viz., NumPy y SciPy. Scikit-learn puede soportar la mayoría de los algoritmos de aprendizaje supervisados y no supervisados. Scikit-learn también se puede utilizar para la minería de datos y el análisis de datos

Theano

Theano es una popular biblioteca de Python que se puede utilizar para definir, evaluar y optimizar expresiones matemáticas que contienen matrices multidimensionales de una manera eficiente. Funciona optimizando la utilización de CPU y GPU. Es ampliamente utilizado para pruebas unitarias y auto-verificación para determine y diagnosticar diferentes tipos de errores.

TensorFlow

TensorFlow es una biblioteca para el cálculo numérico de alto rendimiento desarrollado por el equipo de Google Brainen Google. Esta biblioteca de código abierto es capaz de ejecutar redes neuronales profundas que se pueden utilizar para el aprendizaje automático y la inteligencia artificial. Muchas de las tecnologías de reconocimiento de imágenes y traducción de texto funcionan con TensorFlow.

Pandas

Pandas es una biblioteca de Python popular para el análisis de datos. Aunque no está directamente relacionado con Aprendizaje automático, proporciona estructuras de datos de alto nivel y varias herramientas para el análisis de datos. También proporciona muchos métodos incorporados para a tientas, combinar y filtrar datos.

Matplotlib

Matplotlib es una biblioteca de Python ampliamente utilizada para visualizar datos. Es una biblioteca de trazado bidimensional utilizada para hacer histogramas, gráficas bivariados, gráficas de dispersión y otros gráficos y gráficas 2D. Proporciona características para controlar el formato, las propiedades de fuente, los estilos de línea y otros atributos.

CAPÍTULO 2

Preparación de datos para el aprendizaje automático

2.1   Limpieza de datos

La limpieza y preparación de datos es uno de esos procesos iniciales clave para establecer un proyecto de máquina. La mayoría de la gente a menudo cree que los científicos están perdiendo el tiempo manejando varios prototipos a través de retoques que no es el caso. La mayoría de los científicos de datos dedican la mayor parte de su tiempo a limpiar los datos en lugar del tiempo empleado mientras manejan varios algoritmos y modelos de aprendizaje automático. Por lo tanto, en esta sección examinaremos detenidamente el proceso de limpieza de datos como se describe en el lenguaje de programación Python, los conjuntos de datos de estudio y las características para seleccionar columnas. Una vez más, vamos a discutir cómo explorar los datos visualmente y finalmente codificar características en el aprendizaje automático.

2.1.1 Comprender los datos

Antes de profundizar mucho en la limpieza de datos, debemos entender lo que implican los datos y nuestro objetivo en esta subsección. En realidad, sin este tipo de conocimiento, carecemos de base fundamental para sus decisiones en futuras secciones.

Para ilustrar este proceso completamente, utilizaremos los datos de una empresa de préstamos monetarios, un mercado adecuado para prestatarios con intenciones específicas. El club prestatario está compuesto por inversores dispuestos a prestar dinero esperando algunos rendimientos después de un período de tiempo específico. El Club evalúa las calificaciones de los prestatarios en base a sus datos históricos pasados y utilizando la información obtenida, asigna una tasa de interés a cada prestatario. Más tarde, todos los préstamos aprobados se enumeran en el sitio web del club de préstamos. El club de préstamos tiene la tarea de cobrar los rendimientos de los prestatarios y luego los redistribuye a los diversos prestamistas. Esto implica que el inversionista no tiene que esperar hasta que el préstamo madure para recibir rendimientos. Cuando el préstamo se paga en su totalidad a tiempo, el inversionista recibe una cantidad equivalente al interés total destinado a todo el período de inversión. Esto parece increíble y fácil de entender. Por lo tanto, nos centraremos en este tipo de proyectos para comprender los conceptos de limpieza de datos y tratar con datos que faltan.

¿Qué pasa con los morosos de préstamos?

Algunos prestamistas pueden no cumplir con las reglas y regulaciones del Préstamo Club y por lo tanto caen en la categoría de morosos de **préstamos.** Esto más muchos otros problemas formarán parte de nuestro estudio principal en esta sección. Hacer frente a estos desafíos implicó una limpieza exhaustiva de los datos. Supongamos que el club de préstamos nos ha encargado la responsabilidad de elaborar un modelo que será demandado para predecir si es probable que un prestamista pague el préstamo a tiempo o en incumplimiento de pago.

Listo para los pasos de este trabajo...

2.1.2 Examen del conjunto de datos

En el sitio web de Borrowing Club, hay una publicación periódica de datos que comprenden de esos préstamos aprobados y rechazados. Por lo tanto, descargaremos los datos del sitio web de Borrowing Club tanto para préstamos aprobados como rechazados en formato CSV.

La tabla de préstamos aprobados contiene información como préstamos actuales, préstamos en incumplimiento de pago y préstamos finalmente completados. Solo nos ocuparemos de préstamos aprobados para los años 2012 a 2016.

Bibliotecas de datos

En primer lugar, tenemos que importar algunas bibliotecas que nos ayudarán a manipular los conjuntos de datos obtenidos del sitio web de Préstamo Club. Los parámetros importados serán muy cruciales en el manejo de estos conjuntos de datos, especialmente al generar resultados. Bueno, asumiremos que una sólida comprensión de los fundamentos del lenguaje de programación Python, incluyendo pandas, NumPy y etc. La importación se ilustra a continuación:

```
importar pandas como pd
importar NumPy como np
pd.set_option('max_columns', 100)
pd.set_option('max_colwidth',4000)
importar matplotlib.pyplot como plt
importar el mar nacido como sns
%matplotlib en línea
plt.rcParams['figura.figsize'] á (10,6)
```

2.1.3 Carga de datos en Pandas

A estas alturas hemos logrado descargar nuestro conjunto de datos y lo hemos llamado borrowing_club-loans.csv. Necesitamos cargarlo en pandas DataFrame para poder explorarlo. Después de cargar los datos, se nos pedirá que realicemos algún ejercicio de limpieza con el fin de eliminar la información que puede ralentizar nuestra velocidad de procesamiento.

El proceso de limpieza incluirá las siguientes tareas:

- Elimina la primera línea que contiene información adicional incluida en la columna de títulos.

- Quite una columna denominada 'desc' que contenga datos innecesarios para este procedimiento de limpieza.

- Elimine una columna llamada 'url', que es simplemente un enlace a cada Club de Préstamos que solo es accesible cuando se utiliza la cuenta del inversor.

- Quite todas las columnas incompletas, es decir, si hay alguna columna con valores que faltan que ascienden al 50%. Esto mejorará en gran medida la velocidad de procesamiento y nuestros datos seguirán siendo significativos debido a su robustez.

Después de este proceso de filtrado, tendremos un conjunto de datos que nombraremos loans_2012.csv se mantendrá separado de los datos sin procesar. Esta es una buena práctica para ayudar a lidiar con emergencias donde es necesario hacer referencia al conjunto de datos original.

Por último, siga adelante y realmente este proceso.

Los códigos requeridos se enumeran a continuación:

En primer lugar, hay que saltarla la fila 1 para
asegurarte de que los pandas puedan analizar los
datos correctamente.

```
loans_2007
pd.read_csv('data/borrowing_club_loans.csv',
skiprows-1, low_memory-False)
half_count len(loans_2012) / 2
loans_2012 de loans_2012.dropna(thresh-
half_count,axis-1) - Deja caer cualquier columna con
50% y más los valores que faltan
loans_2012 de datos de
loans_2012.drop(['url','desc'],axis-1) - Estas
columnas se vuelven inútiles en este ejercicio.
```

Usaremos el método de cabezal de función pandas ( ) al mostrar las tres primeras filas de nuestro conjunto de datos loans_2012 DataFrame. Esto es sólo para confirmar que nuestro proceso de carga se llevará a cabo correctamente.

```
loans_2012.head (2)
```

	Id	Member_ id	Loan_ amount	Funded_ amount	Funded _	Términ os	Int_ rates
0	10031	1003111	5005.0	5005.0	4975.2	12 meses	13.21 %
1	10032	1003222	4050.0	4050.0	2510.0	10 meses	12.45 %
2	10033	1003333	5005.0	5005.0	2452.0	36 meses	8.99%

3	10034	1003444	6002	6002	3210.1	45 meses	12.33 %
4	10035	1003555	7002	7002	3512.0	65 meses	12.45 %
5	10036	1003666	8020	8020	4521.0	5 meses	15.32 %

Usaremos el atributo pandas `.shape` para ver el número de muestras más las características incluidas en este ejercicio.

Loans_2012.forma
```
(43256, 43)
```

2.1.4 Reducir nuestras columnas de datos antes de limpiar

En esta sección trataremos nuestro conjunto de datos con mayor atención para determinar lo que representa cada columna y las características incluidas. Esto es parte del proceso de exploración del que hablamos anteriormente. Esto es igualmente importante en el sentido de que debemos comprender completamente el tipo de datos y características que se trataban para evitar errores durante el análisis de datos y el modelado del sistema.

Las definiciones se pueden obtener en el sitio web del Club de Préstamos directamente en su biblioteca. Vamos a seguir adelante y crear un DataFrame con columnas de la siguiente información: título de columna, tipo de datos, valores en la primera fila y su descripción del diccionario Del club.

Ahora carguemos el diccionario y sigamos adelante!!!!

```
data_dictionary-pd.read_csv('LCDataDictionary.csv')
? Cargando la biblioteca desde el sitio web
print(data_dictionary.shape[0])
print(data_dictionary.columns.tolist())
```

```
112
['LoanStatNew', 'Explicación']
```

```
data_dictionary.head()
data_dictionary de
data_dictionary.rename(columns''LoanStatNew':
'nombre', 'Explicación'
```

	loanstatnew	Explicación
0	acc_now_delinq	establece el número de cuentas de los prestatarios para ser morosos.
1	Acc_open_past_36months	Ilustra el número de operaciones en los últimos 36 meses
2	Addr_state	Estado proporcionado por en la columna de prestatario para mostrar el estado del préstamo.
3	all_util	Muestra el saldo al límite de crédito para todas las operaciones
4	Annual_inc	Ingresos anuales del prestatario proporcionados durante el registro de préstamos (autoproporcionados).

Ahora entendemos el significado de las columnas con las que trataremos. **Increíble!!!!**

En el siguiente paso, fusionaremos el diccionario anterior y las primeras filas de loans_2012 para darnos una vista previa clara DataFrame con las columnas detalladas de la siguiente manera:

— name - muestra los nombres de columna de loans_2012

— dtypes - muestra los tipos de datos de loans_2012

— primer valor - muestra los valores de loans_2012

— descripción - describe lo que representa cada sección de columna de loans_2012

El proceso de fusión se representa a continuación:

```
loans_2012_dtypes pd.
DataFrame(loans_2012.dtypes,columns-['dtypes'])
loans_2012_dtypes de loans_2012_dtypes.reset_index()
loans_2012_dtypes['name'] á
loans_2012_dtypes['index']
loans_2012_dtypes
loans_2012_dtypes[['name','dtypes']]
loans_2012_dtypes['primer valor'] á
loans_2012.loc[0].values
vista previa:
loans_2012_dtypes.merge(data_dictionary,
on'nombre',how''izquierda')
preview.head()
```

y la salida es la siguiente:

	Nombre	Dtypes	Primer valor	Explicación
0	Id	Objeto	1201254	Un ID asignado a código único de LC para la lista de préstamos
1	Member_id	Float64	1.2944e+04	Un código único de LC asignado Id para los miembros prestatarios
2	Loan_amount	Float64	4000	Esto da la cantidad de préstamo aplicada por un miembro. Cuando el departamento de crédito reduce el monto del préstamo, lo mismo se refleja aquí
3	Funded_amount	Float64	4000	Muestra el monto total dado como préstamo en ese momento en particular
4	Funded_amount_inv	Float64	3200	Muestra el importe total dado por el inversor en ese momento en particular

Tratar de explorar todas las columnas a la vez puede ser bastante engorroso, por lo tanto dividiremos las columnas en bits más pequeños o características que sean fáciles de comprender. Al hacerlo, tenemos que prestar mucha atención a las columnas con la siguiente información:

- Da información sobre el futuro probablemente cuando el préstamo ya será financiado.

- Eso ha sido formateado muy mal

- Incompleto y, por lo tanto, requiere más datos o preprocesamiento para ser utilizados.

- Contiene mucha información que se ha repetido.

Grupo de Primeras Columnas

Aquí, mostraremos las primeras 20 filas y haremos el análisis:

```
Vista previa[:20]
```

	Nombre	dtypes	Primer valor	Explicación
0	Id	Objeto	1201254	Un ID asignado a código único de LC para la lista de préstamos
1	Member_id	Float64	1.2944e+04	Un código único de LC asignado ID para los miembros prestatarios
2	Loan_amount	Float64	4000	Esto da la cantidad de préstamo aplicada por un miembro. Cuando el departamento de crédito reduce el monto del préstamo, lo mismo se refleja aquí

3	Funded_amount	Float64	4000	Muestra el monto total dado como préstamo en ese momento en particular
4	Funded_amount_inv	Float64	3200	Muestra el importe total dado por el inversor en ese momento en particular
5	Término	Objeto	42 meses	El número de meses para pagar el préstamo
6	Entrega	Float64	155.23	Los pagos mensuales para ser locopor el prestatario si el préstamo pasa a través de.
7	Int_rate	Objeto	12.365%	La tasa de interest para el préstamo
8	Grado	Objeto	B	Un código LC único asignado para el grado de préstamo
9	Sub_grade	Objeto	B2	Un código LC único asignado para el subgrado de préstamo
10	Emp_title	Objeto	Nan	Este es el título del objeto otorgado por el prestatario al solicitar el préstamo
11	Emp_length	Objeto	Más de 12 años	Muestra el período de contrato en el que 0 significa menos de un año y 12 muestra 12 o

				más años.
12	home_ownership	Objeto	Alquiler	Estado de propiedad de la vivienda siempre proporcionado por el prestatario en el momento del registro. Los valores permitidos son: RENT, OWN, MORTGAGE, OTHER.
13	annual_inc	float64	25023	Muestra los ingresos anuales autosuficientes del prestatario.
14	verification_status	Objeto	Verificado	Muestrasi los ingresos fueron verificados, no verificados, o cuando la fuente de ingresos es creíble.
15	issue_d	Objeto	Enero-2012	Da el mes en que el préstamo fue reembolsado
16	loan_status	Objeto	Totalmente pagado	Muestra el estado actual del préstamo
17	paymnt_plan	Objeto	N	Indica un plan de pago puesto en marcha para el préstamo
18	Propósito	Objeto	_card bancaria	Un único que debe proporcionar el prestatario (opcional)

Las tablas anteriores muestran nuestro análisis completo de las columnas de los diversos DataFrames. Según el modelo propuesto, las siguientes características se pueden eliminar con éxito sin ningún desafío:

Id- esto es generado aleatoriamente por el Club de Préstamos específicamente para una identificación única solamente.

- Member_id - esto también es generado aleatoriamente por el Club de Préstamos específicamente para una identificación única solamente.

- Funded_amount- filtra información futura que sólo es relevante cuando el préstamo ha madurado.

- Funded_amount_inv- también filtra datos futuros

- Sub_grade- esta columna contiene información repetida que ya aparece en la columna de calificación

- Int_rate, esta información también se incluye en la columna de calificación.

- Emp_title- Esta columna requiere una gran cantidad de datos y otras actividades de preprocesamiento para ser relevantes.

- Issued_id también filtra datos futuros

Para eliminar estas columnas de nuestra tabla, usaremos los siguientes códigos:

```
drop_list
['id','member_id','funded_amnt','funded_amnt_inv',
'int_rate','sub_grade','emp_title','issue_d']
loans_2012 de loans_2012.drop(drop_list,eje 1)
```

Ahora estamos muy listos para pasar al siguiente grupo de columnas:

En este segundo grupo de columnas, tendremos 19 columnas:
Vista previa[18:36]

Grupo de Segundas Columnas

	Nombre	dtypes	Primer valor	Explicación
19	Título	Objeto	Computadora	Título del préstamo proporcionado por el prestatario durante la solicitud
20	zip_code	Objeto	440xx	Código postal que consta de estos tres primeros números, también proporcionado por el prestatario.
21	addr_state	Objeto	Az	El estado del prestatario según lo proporcionado por el prestatario durante la solicitud de préstamo
22	Dti	float64	28.45	Esto presenta la relación de los pagos mensuales con la deuda total del préstamo, también excluye la hipoteca y LC según lo solicitado por el préstamo. El valor presentado es después de dividir por los ingresos mensuales del prestatario.
23	delinq_2yrs	float64	0	Los más de 30 días que representan el tiempo atrasado

				en la morosidad del prestatario como se indica en el expediente del prestatario.
24	earliest_cr_line	Objeto	Dic-2012	La primera vez que el prestatario adquirió el préstamo, se abrió el expediente del acreedor
25	fico_range_low	float64	741	Un número que indica el límite inferior de la FICO del prestatario al inicio del reembolso del préstamo
26	fico_range_high	float64	710	Proporciona el límite superior de la FICO del prestatario cuando el préstamo vence.
27	inq_last_6mths	float64	3	Indica el número total de consultas realizadas por un prestatario de los últimos seis meses.
28	open_acc	float64	4	Número actual de líneas de crédito abiertas en el archivo del prestatario.
29	pub_rec	float64	0	Representa el número total de registros despectivos disponibles para el público
30	revol_bal	float64	11245	Saldo del crédito de resolución de re ven un momentodeterminado.
31	revol_util	Objeto	84.52%	También llamado velocidad de utilización de línea giratoria. La tasa a la que el prestatario está

				utilizando las líneas de crédito actuales en relación con el crédito deresolución disponible.
32	total_acc	float64	7	Representa el número total de líneas de crédito en el archivo de un prestatario en un momento determinado.
33	initial_list_status	Objeto	F	Da la lista inicial de préstamos, siempre dada por las abreviaturas – W, F
34	out_prncp	float64	0	Principal restante a ser reembolsado según el monto total financiado
35	out_prncp_inv	float64	0	Porción restante pendiente del principal según lo dado por los acreedores del préstamo.
36	total_pymnt	float64	5863.16	Importe pagado por el préstamo total otorgado hasta la fecha
37	total_pymnt_inv	float64	4523.25	Hasta la fecha del pago del préstamo por el prestatario con el fin de reembolsar el préstamo a tiempo

Ahora revisamos nuestro Segundo Grupo de Columnas donde necesitamos soltar algunas columnas que son menos útiles para nuestro objetivo. Las columnas incluyen:

- Zip_code: Se vuelve redundante a la luz de que sólo tres de sus cinco dígitos son visibles, de nuevo estos coeds están disponibles en la columna addr_state.

- Out_prncp: Por lo tanto, filtra datos futuros innecesarios.

- Out_prncp_inv: De nuevo se filtra futuro por lo tanto inútil.

- Total_pymnt: También filtra datos futuros por lo tanto innecesarios.

- Total_pymnt_inv: También filtra datos futuros por lo tanto innecesarios.

Buena observación, procederemos y eliminaremos estas cinco columnas con los siguientes códigos:

```
drop_cols [ 'zip_code','out_prncp','out_prncp_inv',
'total_pymnt','total_pymnt_inv']
loans_2012 de loans_2012.drop(drop_cols, eje 1)
```

Grupo de Terceras Columnas

Esto constituirá el último grupo en nuestro proceso de limpieza de datos. Asumiemos el reto!!!

```
vista previa[38:]
```

	Nombre	Tipo de datos	Primer valor	Explicación
39	total_rec_int	float64	895.23	Interés total recibido según el último pago
40	total_rec_late_fee	float64	0	Pagos atrasados recibidos hasta la fecha
41	Recuperaciones	float64	0	Cargos según apagado-

				recuperación de la red
42	collection_recovery_fee	float64	0	cargo de cobro según lo determinado por los cargos por correos
43	last_pymnt_d	Objeto	Dic-2013	Muestra el estado del pago del mes pasado (pagado o no pagado)
44	last_pymnt_amnt	float64	1253.50	Pago total según la última remisión
45	last_credit_pull_d	Objeto	Enero-2016	La última vez que LC acreditó un préstamo en particular.
146	last_fico_range_high	float64	814	Límite en el límite superior asignado por FICO
47	last_fico_range_low	float64	740	Límite en el límite inferior asignado por FICO
48	collections_12_mths_ex_med	float64	0	Representa el número total de colecciones en un período de doce meses.
49	policy_code	float64	1	Códigos que indican directivas disponibles públicamente, donde hay código uno y código dos.

50	application_type	Objeto	INDIVIDUAL/ Conjunta	Muestra si el prestatario del préstamo es un individuo o el préstamo es adquirido por un grupo de personas.
51	acc_now_delinq	float64	0	Indica el número total de cuentas propiedad de un prestatario determinado.
52	chargeoff_within_12_mt hs	float64	0	Muestra el número total de cargos durante un período de un mes
53	delinq_amnt	float64	0	Proporciona la cantidad total de pagos atrasados adeudados por un prestatario a una cuenta específica.
54	pub_rec_bankruptcies	float64	0	Total de registros públicos que muestran quiebras
55	tax_liens	float64	0	Muestra el total de gravámenes fiscales

De este grupo particular de columnas, necesitamos analizar y aislar esas columnas inútiles para que puedan ser descartadas. Cuando esto se hace, se dará cuenta de que las columnas enumeradas a continuación dan valores futuros que pueden no ser muy útiles en este momento. Por lo tanto, los dejaremos caer:

- `total_rec_prncp`

- total_rec_int
- total_rec_late_fee
- Recuperaciones
- collection_recovery_fee
- last_pymnt_d
- last_pymnt_amn

Los códigos que llevarán a cabo esta tarea están escritos, estudiarlos intensamente y tomar nota de los principales puntos de preocupación:

```
drop_cols ['total_rec_prncp','total_rec_int',
'total_rec_late_fee','recuperaciones',
'collection_recovery_fee', 'last_pymnt_d'
«last_pymnt_amnt']
loans_2012 de loans_2012.drop(drop_cols, eje 1)
```

¡¡¡¡hurra!!!! Finalmente tenemos un conjunto de datos que es fácil de manipular a medida que nos esforzamos por construir nuestro modelo propuesto. Nuestro modelo no perderá tiempo procesando datos irrelevantes y al mismo tiempo evitará "trampas" involucradas en el análisis de los resultados futuros de los préstamos.

2.1.5 Columnas de Puntuación FICO

Antes de pasar a partes más interesantes de nuestro proyecto, vale la pena examinar las columnas de FICO Score que incluyen:

- fico_range_low
- fico_range_high
- last_fico_range_low
- last_fico_range_high

cada vez que un prestatario solicita un préstamo, el Club prestatario les da una puntuación de crédito de FICO. La puntuación se da en términos de un rango en el que cada prestatario pertenece a. Los límites se muestran arriba.

En este punto examinaremos los valores en los límites last_fico_range_low y last_fico_range_high como se representa a continuación:

```
print(loans_2007['fico_range_low'].unique())print(lo
ans_2007['fico_range_high'].unique())
[712. 745. 690. 691. 730. 660. 568. 725. 710. 698.
720. 655. 670. 765. 685. 765. ]
[733. 754. 696. 689. 724. 664. 681. 729. 723.
711.734.671. 673. 756. 686. 789]
```

Forme estos valores, haremos algún tipo de limpieza de datos y finalmente trazaremos un histograma.

Los códigos necesarios para esta tarea se escriben a continuación:

```
fico_columns ['fico_range_high','fico_range_low']
print(loans_2012.shape[0])
loans_2007.dropna(subconjunto-fico_columns,inplace-
True)
print(loans_2012.shape[0])
loans_2012[fico_columns].plot.hist(alpha-0.5,bins-
20);
```

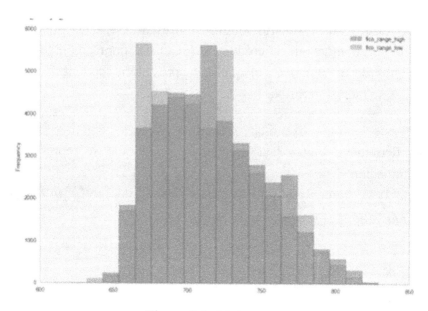

Figura2.1: histograma

Vamos a seguir adelante y crear una columna para el promedio para las otras dos columnas, es decir, `fico_range_low` y `fico_range_high`.

Esta columna se denominará `fico_average`.

Esta columna representará el valor promedio de la puntuación de FICO para `fico_range_low` y `fico_range_high` y no la puntuación promedio de FICO para cada prestatario de préstamos. Los códigos se indican a continuación:

```
loans_2012['fico_average'](loans_2012['fico_range_hi
gh'] +loans_2012['fico_range_low']/2
```

Ahora vamos a mostrar lo que acabamos de hacer:

```
cols
['fico_range_low','fico_range_high','fico_average']
loans_2012[cols].head()
```

	fico_range_low	fico_range_high	fico_average
0	734.0	740.0	737.0
1	742.0	742.0	742.0
2	732.0	742.0	737.0
3	691.0	693.0	692.0
4	693.0	671.0	697.0

¡¡¡¡Increíble!!!! ¿Correcto? Ahora podemos continuar y soltar la columna denominada `fico_range_low`, `'fico_range_high'`, `last_` `fico_range_low` y `last_` `fico_range_high`.

Los códigos aplicados para este proceso se escriben a continuación, tome algún tiempo para entender las diversas funciones incluidas.

```
drop_cols['fico_range_low','fico_range_high','last_f
ico_range_low', 'last_fico_range_high']
loans_2012 de loans_2012.drop(drop_cols, eje 1)
loans_2012.forma
```

(425435, 31)

NOTA MEJOR:

- A estas alturas hemos logrado reducir las columnas de nuestro conjunto de datos de 56 a 33 sin perder ningún dato significativo. Las columnas enumeradas son más significativas y fáciles de usar en cualquier otro trabajo manipulador. En realidad, hemos logrado evitar problemas de resultados futuros dejando caer todas las columnas que filtran información futura.

Cuando estas columnas se incluyen en cualquier trabajo de modelo, asegúrese de meterse con los resultados. ¡¡Fresco!! Finalmente hemos aprendido la esencia de la limpieza de datos, especialmente en lo que respecta al modelado de prototipos en varios proyectos.

2.1.6 Columna de destino

Nuestro principal objetivo en esta sección es determinar la columna de destino que usaremos directamente en nuestro modelado. El desafío aquí es llegar a un modelo que prediga a los morosos de préstamos y a aquellos que pagarán sus préstamos fielmente.

Aislaremos los datos de uno de nuestros DataFrames anteriores, hay una columna única llamada loan_status. Esta es la única columna con el conjunto de datos principal y describe el estado de los préstamos de varios prestatarios. Vamos a elegir esta columna y usarla en nuestra ilustración.

```
preview[preview.name ? 'loan_status']
```

Nuestra tabla se verá como la siguiente:

	Nombre	Dtypes	Primer valor	Descripción
16	loan_status	Objeto	Totalmente pagado o por defecto	Préstamo Estado actual

Según la tabla anterior, las columnas contienen valores que se pueden convertir en valores numéricos que se utilizarán en el entrenamiento del modelo propuesto.

Tendremos que explorar los valores en las columnas y desarrollar formas de manipular para poder aplicarlos eficazmente. Se utilizará una función denominada contador de valores () para calcular la frecuencia de los distintos valores de la columna loan_status.

```
loans_2012["loan_status"].value_counts()
```

Préstamo Totalmente Pagado 33587

Préstamo cargado en 5654

La aplicación Laon no cumple con la política de crédito. Estatus: Totalmente Pagado 1989

La aplicación Laon no cumple con la política de crédito. Estado:Cargado 760

Corriente 512

Préstamos dentro del Período de Gracia 16

Préstamos tardíos (60-121 días) 11

Préstamos tardíos (15-59 días) 6

Incumplimiento de préstamo 1

Nombre: loan_status, dtype: int64

La cartera de status de préstamo tiene un total de nueve posibles resultados o valores. Exploraremos mucho sobre estos valores únicos a medida que determinemos aquellos que mejor describan el resultado final de un préstamo y posiblemente cualquier problema que pueda surgir durante la clasificación.

Los datos siguientes se organizarán en una tabla donde podremos identificar fácilmente los diversos valores únicos, la frecuencia de aparición y posiblemente comprender más profundamente estos conjuntos de datos.

```
significado de [
"ElPréstamo actualmente está totalmente pagado.",
```

"Préstamo que no tiene ninguna expectativa razonable con respecto a más y más pagos."

"Aunque el préstamo fue pagado en su totalidad, cualquier otra solicitud de préstamo hoy en día puede no ser aprobada ya que ya no cumple con la política de crédito estipulada y las demandas del mercado.

"Pensando que el préstamo estaba completamente cargado, cualquier otra solicitud de préstamo hoy en día puede no ser aprobada ya que ya no cumple con la política de crédito estipulada y las demandas del mercado.

"El préstamo se actualiza completamente con respecto a los pagos corrientes.",

"Los reembolsos del préstamo están más allá de lo debido, pero aún existen dentro del período de gracia de 15 días.",

"El préstamo aún no se ha pagado dentro de los 30 a 119 días (reembolso tardío basado en el pago actual).",

"El préstamo aún no se ha pagado dentro de los 15 a 29 días (reembolso atrasado basado en el pago actual).",

"El préstamo está actualmente en incumplimiento de pago y no hay otro pago que se haya realizado durante 122 y más días."]

```
status,count-
loans_2012["loan_status"].value_counts().index,
loans_2012["loan_status"
loan_statuses_description pd.
DataFrame('LoanStatus':status,'Count':
count,'Meaning'
loan_statuses_description
```

Los códigos anteriores devuelven la siguiente tabla:

	Estado del préstamo	Contar	Explicación
0	Totalmente pagado	335868	El loan actualmente está totalmente pagado
1	Cargado	5653	Un loan que no tiene ninguna expectativa razonable con respecto a más y más pagos.
2	El préstamo no cumple con la política de crédito. Estado: Totalmente Pagado	1989	Aunque el préstamo fue totalmente pagado, cualquier otra solicitud de préstamo hoy en día puede no ser aprobada ya que ya no cumple con la política de crédito estipulada y las demandas del mercado
3	El préstamo no cumple con la política de crédito. Estado: Cargado	761	Pensé que el préstamo estaba completamente cargado, cualquier otra solicitud de préstamo hoy en día puede no ser aprobada ya que

			ya no cumple con la política de crédito estipulada y las demandas del mercado.
4	Actual	518	El l oan se actualiza completamente con respecto a los pagos corrientes.
5	Dentro del Período de Gracia	15	Los reembolsos del préstamo están más allá de debidos, pero todavía existe dentro del período de gracia de 15 días
6	Tarde (30-119 días)	11	El préstamo aún no se ha pagado dentro de los 30 a 119 días (reembolso tardío basado en el pago actual
7	Tarde (15-29 días)	6	El préstamo aún no se ha pagado dentro de los 15 a 29 días (reembolso tardío basado en el pago actual).
8	Predeterminado	1	El loan está actualmente predeterminado en y no hay ningún otro pago que se ha hecho durante 122 y más días.

Recuerde: Nuestro modelo propuesto se supone que pasar a través de todos los préstamos pasados y predecir con precisión los que se pagarán y los que no. Y de la tabla anterior, es cierto que sólo los préstamos totalmente pagados y los préstamos cargados dan el resultado final de un préstamo. Sin embargo, las otras columnas muestran préstamos que todavía están en curso. Aunque algunos tienen experiencia en pagos atrasados o aún por pagar, no podemos llegar a una conclusión y clasificarlos como Descargados.

Por lo tanto, en nuestro próximo análisis a medida que aprendemos sobre la limpieza y manipulación de datos, solo necesitaremos datos de loan_status columna que sean 'FullyPaid' o 'ChargedOff'. Actualmente no estamos interesados en ningún otro estatus como los préstamos en curso o los que están en curso. En realidad, predecir si un préstamo está en curso o en curso no proporciona ninguna información si se cargará o se pagará por completo. Nuestro interés es determinar bajo qué categoría del Fully Paid' o 'Cargado un préstamo caerá bajo. Esto se puede resolver como una clasificación binaria. Bien, ahora vamos a eliminar todas esas columnas sin el 'completamente pagado o cargado 'entonces vamos a aplicar teoremas de transformación donde 'totalmente pagado' estará representado por un valor 1 (caso positivo) y acusado por un valor 0 (caso negativo). Esto implica que eliminaremos más de 3.000 columnas de 42.000 filas.

Los códigos para este tipo de transformación se escriben a continuación:

```
loans_2012 de loans_2012[(loans_2012["loan_status"]
á " "Totalmente Pagado")
(loans_2012["loan_status"] á "Cargado de ")]
mapping_dictionary de ""loan_status":"Totalmente
Pagado": 1, "Cargado":0 "
loans_2012 loans_2012.replace(mapping_dictionary)
```

2.1.7 Resultados de la columna objetivo

Esta vez queremos representar los resultados de los resultados de destino para que sean fácilmente visibles a través de un proceso llamado visualización. Trazaremos los valores en un gráfico circular como se muestra a continuación.

```
higos, hachas á plt.subplots(1,2,figsize-(21,7))
sns.countplot(x''loan_status',data-
filtered_loans,ax-axs[0])
axs[0].set_title(" Frecuencia del estado
delpréstamo")
filtered_loans.loan_status.value_counts().plot(x-
None,y-None, kind-'pie', ax-axs]
axs[1].set_title("Representación porcentual para
cada estado del Préstamo")
plt.show()
```

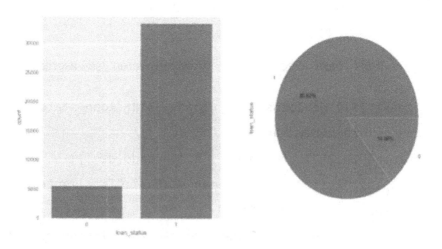

Figura 2.2: Representación visual de las columnas de destino

De los gráficos anteriores, está claro que la mayoría de los prestatarios pudieron pagar sus préstamos a tiempo con un porcentaje de alrededor del 85,12%, mientras que sólo aproximadamente el 14,21% de todos los prestatarios fallaron a sus préstamos. En realidad, estamosmás interesados con estos morosos ya que nuestro modelo se supone que maximiza en los rendimientos del préstamo.

Este análisis significa que cuando el Club de Préstamos rescinde su contrato de préstamo con los morosos obviamente aumenta sus posibilidades de obtener rendimientos completos. El proceso de limpieza de datos continúa.

Siguiente paso:

2.1.8 Eliminación de esas columnas con un solo valor

Esta será nuestra última práctica de limpieza en esta sección de gestión de datos. Aquí, buscaremos esas columnas con un solo valor único y luego las eliminaremos. Estamos eliminando estas columnas porque, sólo contienen un valor que podría ser inútil durante la solicitud de préstamo. Una vez más, cuando estas columnas se hubieran eliminado por completo, habrá menos potencia de procesamiento y tiempo.

Aplicaremos el método pandas Series llamado **nunique()** que devuelve el número de valores únicos excluyendo cualquier otro valor nulo.

En nuestro siguiente paso, aplicaremos el método anterior y eliminaremos esas columnas no deseadas

```
loans_2012 loans_2012.loc[:,loans_2012.apply(pd.
Series.nunique) !- 1]
```

Una vez más puede haber esas columnas con valores únicos, pero un valor tiene una frecuencia muy insignificante. Los siguientes códigos eliminarán las columnas con valores únicos que aparecen menos de cuatro veces. Estudie los códigos cuidadosamente.

```
para col en loans_2012.columns:
si (len(loans_2012[col].unique()) < 4):
impresión(loans_2012[col].value_counts())
impresión()
30 meses 29123
54 meses 11324
Nombre: término, dtype: int64
Monja verificada 16846
Verificado 12527
Fuente Verificada 9869
Nombre: verification_status, dtype: int64
1 33587
0 5653
Nombre: loan_status, dtype: int64
n 39238
y 1
Nombre: pymnt_plan, dtype: int64
```

En la columna de pago, tiene dos valores únicos 'y' y 'n' con 'y' teniendo la menor ocurrencia. Podemos soltar 'y' usando los siguientes códigos:

```
print(loans_2012.shape[1])
```

```
loans_2012 loans_2007.drop('pymnt_plan',eje 1)
print("Hemos logrado reducir las características a
"> ".format(loans_2012.shape[1]))
25
Logramos reducir con éxito las características a 24
```

Siguiente paso: Usaremos pandas para guardar nuestro DataFrame limpio en el archivo CSV como se muestra a continuación:

```
loans_2012.to_csv("processed_data/filtered_loans_201
2.csv",índice-falso)
```

2.1.9 Preparación para el aprendizaje automático

En esta sección en particular trataremos los datos ya filtrados, es decir, `filtered_loans_2012.csv` donde trataremos los datos que faltan, los datos categóricos y la eliminación de cualquier otra columna innecesaria. Es necesario gestionar los datos que faltan antes de introducirlos en el algoritmo de aprendizaje automático, que solo acepta datos numéricos y nunca acepta los datos que faltan. Los datos no numéricos pueden no ser muy aplicables, especialmente cuando se utilizan modelos como la **regresión lineal** y la **regresión lógica**.

Aquí está el esquema para esta subsección:

– Cómo lidiar con los valores que faltan

– Conversión de datos categóricos o columnas en características numéricas

– Asignación de valores ordinales a enteros

– Codificación de valores nominales como variables ficticias

Primero, carguemos los datos filtrados de nuestra última sección:

```
filtered_loans

pd.read_csv('filtered_loans_2012.csv')

print(filtered_loans.shape)

filtered_loans.head()
```

```
(39210, 24)
```

2.2 Faltan datos

Calcularemos el número total de valores que faltan y determinaremos cómo los trataremos. El método utilizado puede devolver el número total de valores que faltan en el DataFrame.

Procedimiento:

En primer lugar, usaremos elmétodop anda DataFrame comúnmente conocido como isnull () a propósito para devolver solo los DataFrames que contienen valores booleanos o tipo de datos.
Las condiciones de esta parte se ilustran a continuación:
- – Instrucción True para el valor original nulo
- – Instrucción False cuando el valor original id no null

El siguiente paso implica el uso del método Panda DataFrame comúnmente conocido como suma () a propósito para calcular el número total de valores nulos en cada columna y devolver un valor numérico.

Los códigos utilizados se describen a continuación:

```
null_counts de filtered_loans.isnull().sum()

print("El número total de todos los valores nulos en
cada columna: . formato(null_counts))
```

Salida

El número total de todos los valores nulos en cada columna:

loan_amnt 0

Plazo del préstamo 0

plazo del préstamo 0

grado 0

emp_length 0

home_ownership 0

annual_inc 0

préstamo verification_status 0

loan_status 0

propósito del préstamo 0

título del préstamo 11

addr_state 0

dti 0

delinq_2yrs 0

earliest_cr_line 0

inq_last_6mths 0

open_acc 0

pub_rec 0

revol_bal 0

revol_util 42

total_acc 0

last_credit_pull_d 4

pub_rec_bankruptcies 687

fico_average 0

dtype: int64

NOTA MEJOR

El resultado anterior muestra que la mayoría de las columnas tienen 0 valores que faltan, mientras que el título del préstamo tiene 11, `revolt_util` tiene 42, `pub_rec_bankruptcies` tiene un total de 687 valores que faltan.

Ahora eliminaremos esas columnas con un 1% (392) y superior que contengan valores nulos. Una vez más vamos a eliminar otras filas más que contienen valores nulos. Esto se traduce en una situación complicada en la que perderemos un poco de nuestros datos, pero afortunadamente conservaremos algunas de las características que pueden ser útiles en futuros trabajos de procesamiento y modelado.

Las declaraciones anteriores significan que vamos a quitar pub_rec_bankruptcies columna ya que 1% y por encima de sus filas tienen valores que faltan. Y sólo conservaremos el título del préstamo y

revolt_util columnas que se utilizarán en nuestros próximos procesos.

Esto es exactamente lo que pretendemos   lograr:

Usando el **método drop**, podremos quitar la columna pub_rec_bankruptcies de los filtered_loans DataFrames.

Usando el **método dropna**, eliminaremos todas las columnas con valores nulos (valores que faltan) del filtered_loans.

Ahora vamos a aplicar estos dos métodos en un trato con los valores que faltan:

```
filtered_loans
filtered_loans.drop("pub_rec_bankruptcies",eje-1)
```

```
filtered_loans de filtered_loans.dropna()
```

¡¡¡¡Hasta ahora, bien!!!!

Nos hemos dado cuenta de que es muy crucial realizar la limpieza de datos a través de todo el proceso ilustrado anteriormente. Qué éxito hasta ahora, nuestros datos están casi listos para el procesamiento a medida que llegamos a nuestro modelo. Pasemos a la siguiente tarea importante en la preparación de datos para el aprendizajeautomático.

2.3 Tratar con datos categóricos

El objetivo principal en este punto es finalmente terminar con un conjunto de datos que no tiene valores que faltan, todos los valores dentro de las columnas son de tipos de datos flotantes o enteros (numéricos en la naturaleza). Esto es cuando podemos decir cómodamente que nuestros datos están listos para el aprendizaje automático.

Hemos tratado los valores que faltan en las columnas, nuestra siguiente tarea principal es averiguar esas columnas con tipo de datos de objeto y encontrar una manera de convertirlas en tipos de datos numéricos aceptables en el aprendizaje automático.

Los códigos para ayudar a lograr este objetivo se ilustran a continuación:

```
imprimir ("Todos los tipos dedatos más su
frecuencia.
format(filtered_loans.dtypes.value_counts
```

Y los resultados son los siguientes:

```
Todos los tipos de datos más su frecuencia:
float64 10
```

```
objeto 12
int64 3
dtype: int64
```

Una vez que hayamos identificado el número total de tipos de datos de objetos, ahora podemos averiguar cómo los convertiremos en numéricos en nuestro siguiente paso. En primer lugar, tenemos que seleccionar todos los tipos de datos de objeto desde el DataFrame utilizando el método select_dtype y mostrar los resultados. Esto probablemente da una visión más clara de cómo dar formato a estos valores.

Códigos para seleccionar el tipo de datos de objeto:
```
object_columns_df de
filtered_loans.select_dtypes(include-[ 'tipo de
datos deobjeto'])
print(object_columns_df.iloc[0])
```

La salida debido a los comandos anteriores es la siguiente:
```
plazo de 42 meses más
grado B
préstamo emp_length más de 12 años
prestatario home_ownership ALQUILER
verification_status Verificado
propósito de préstamo credit_card
Título del préstamo Computadora
prestatario addr_state AZ
oreja depréstamoliest_cr_line enero-1988
revol_util 85,21%
last_credit_pull_d Sep-2012
```

```
Nombre: 0, dtype: object
```

Debe haber notado que revol_util columna también contiene valores numéricos, pero se muestran como un objeto después de formatear. Una vez más de los DataFrames anteriores, nos enteramosde que revol_util significa una tasa de utilización de línea giratoria o la cantidad que el prestatario utiliza en relación con el crédito total dado. Por lo tanto, necesitamos dar formato a sus valores en numéricos para poder ser utilizables en los procedimientos de aprendizaje automático en los pasos siguientes.

Qué hacer para este caso:

Usar str.rstrip() para eliminar el porcentaje final derecho del signo de columna (%).

La aplicación del objeto Series resultante, en astype() convierte los valores de columna en tipo de datos float.

A continuación, finalmente, devuelva la nueva serie de valores float en la columna revol_util que se encuentra justo en el filtered_loans DataFrame.

Los códigos cumplen este sencillo procedimiento se escriben. Estudie cuidadosamente:

```
filtered_loans['revol_util'] á
filtered_loans['revol_util'].str.rstrip('%').astype(
'floaL' )
```

Vamos a explicar el significado de las diversas columnas en el filtered_loans DataFrame anterior:

- Home_ownership del prestatario: Esto representa la propiedad del prestatario y sólo toma 1 o 4 valores categóricos como se explica en el diccionario de datos.

- Verification_status de préstamos: Muestra si la solicitud de préstamo ha sido aprobada por el Club prestatario.

- Emp_length de préstamos: Da el número total de años desde el momento en que se aprobó la solicitud de préstamo y el momento de inicio de la restitución.

- Plazo del préstamo: El número total de pagos periódicos del préstamo en meses ya sea 36 o 60.

- Addr_state del prestatario: muestra la dirección de ubicación exacta del prestatario.

- Grado: Un especial asignado por LC a un préstamo de acuerdo con la puntuación de crédito.

- Finalidad del préstamo: Da la función prevista del préstamo proporcionado por el prestatario a petición del préstamo.

- Título del préstamo: Título del préstamo proporcionado por el prestatario durante la solicitud del préstamo.

Para estar seguros, lo confirmaremos comprobando el número total de valores únicos en cada columna.

Las dos primeras columnas, título y propósito parecen representar la misma información. Por lo tanto, exploraremos sus recuentos de valores únicos por separado y determinaremos la diferencia.

Una vez más, las filas earliest_cr_line y last_cr_line también contienen valores sin procesar que realmente requieren más trabajo de ingeniería para ser útiles en cualquier sentido. Vamos a explorarlos más a fondo:

earliest_cr_line: La primera vez que el prestatario notó que la línea de crédito ya estaba abierta e informó de la misma.

Last_cr_line: Representa la última vez (mes) cuando el Club de Préstamos agregó crédito a la línea del prestatario.

Estas filas requieren más análisis y rediseño que tomará mucho tiempo y recursos, pero primero nos permiten explorar los valores únicos en las columnas anteriores que podrían contener valores categóricos:

Los códigos aquí son:
```
cols [' home_ownership prestatario', 'gradode 
préstamo', 'verification_status de préstamo', 
'emp_lengthde préstamo', 'plazo del préstamo', ' 
prestatario addr_state']
para su nombre en cols:
print(name,':')
print(object_columns_df[nombre].value_counts(),'n')
```

Y aquí está la **SALIDA** del proceso anterior:
```
home_ownership prestatario :
    ALQUILER 18675
    HIPOTECA 17382
    OWN 3021
    OTROS 97
    NINGUNO 2
Nombre: home_ownership prestatario,  dtype: int64
```

Grado:

B 11872

Un 10063

C 7971

D 5194

E 2769

F 1008

G 319

Nombre:grado de préstamo, dtype: int64

verification_status :

Préstamo no verificado 16808

Préstamo verificado 12514

Préstamo verificado por la fuente 9853

Nombre:préstamo verification_status, dtype: int64

emp_length de préstamos :

10 y más años 8716

< 1 año 4543

2 años 4345

3 años 4051

4 años 3386

5 años 3244

1 año 3206

6 años 2197

7 años 1739

8 años 1456

9 años 1244

n/a 1052

Nombre: emp_length de préstamo,   dtype: int64

Término:

36 meses o más de 29042

60 meses o más 10135

Nombre: plazo del préstamo, dtype: int64

addr_state :

CA 7018

NY 3756

FL 2831

TX 2693

NJ 1825

IL 1513

PA 1494

VA 1388

GA 1381

MA 1321

OH 1197

MD 1038

AZ 863

WA 830

CO 777

NC 772

CT 737

MI 718

MO 677

MN 609

NV 488

SC 467

WI 447

O 441

AL 451

LA 432

KY 319

OK 294

KS 264

UT 255

AR 241

DC 211

RI 197

NM 187

WV 174

HOLA 170

NH 169

DE 113

MT 84

WY 83

AK 79

SD 61

VT 53

MS 19

TN 17

EN 9

ID 6

IA 5

```
NE 5
ME 3
Nombre: addr_state del prestatario,  dtype: int64
```

Hasta ahora podemos observar que la mayoría de las filas contienen valores categóricos discretos que se pueden codificar fácilmente como variables ficticias que son fáciles de almacenar.

También dejaremos caer addr_state fila ya que contiene demasiados valores únicos que pueden presentar problemas al procesar variables en la construcción de nuestro modelo.

Una vez más, es igualmente importante analizar las filas de propósito de préstamo y título del préstamo para determinar qué columnas que necesitamos eliminar.

¡¡¡¡¡Aquí vamos!!!!!

```
por su nombre en [«propósitodel préstamo»,
«títulodel   préstamo»]:

print(" Los valoresde unique en la columna
son:án".formato (nombre))
print(filtered_loans[nombre].value_counts(),'n')
```

Salida

```
Todos los valores unique en  la  columna  son:
Propósito del préstamo
    debt_consolidation 18365
    credit_card 5072
    otros 3920
    home_improvement 2945
    major_purchase 2179
```

small_business 1795

coche 1534

boda 940

médico 688

moviendo 580

vacaciones 377

casa 372

educativo 320

renewable_energy 106

Nombre: propósitodel préstamo, dtype: int64

Todos los valores unique en la columna son:title

Consolidación de la deuda 2143

Préstamo de Consolidación de Deuda 1671

Préstamo Personal 652

Consolidación 509

consolidación de la deuda 493

Consolidación de la Tarjeta de Crédito 354

Mejora del hogar 350

Consolidación de la deuda 331

Préstamo para Pequeñas Empresas 317

Préstamo de Tarjeta de Crédito 310

Personal 306

Préstamo de Consolidación 255

Préstamo para la mejora del hogar 244

préstamo personal 221

personal 217

Préstamo 210

Préstamo de Boda 206

Préstamo de coche 198

consolidación 197

Otro Préstamo 187

Préstamo de pago para tarjeta de crédito 153

Boda 152

Préstamo de Compra Mayor 144

Préstamo de refinanciación para tarjeta de

crédito 143

Consolidar 126

Médico 120

Tarjeta de crédito 115

mejora del hogar 109

Mi Préstamo 94

Tarjetas de crédito 92

...

toddandkim4cada 1

Recordatorio de pago inicial en el trabajo 1

Un   préstamo estable para el futuro financiero 1

Pago para liquidar intereses más altos 1

Préstamo para mejorar La Casa China 1

Compra de Sprinter 1

Cargos de refinamiento de la tarjeta para hoy 1

Préstamo de Libertad de Karen 1

Préstamo para reubicación comercial 1

mejorar Mi reciente Casa 1

tito 1

vacaciones en florida 1

Volver a 0 1

No ver si no tiene tarjeta de crédito 1

britschool 1

Consolidación 16X60 1

Last Call 1

Anhelando terminar mi deuda "3" 1

excelente crédito 1

loaney 1

préstamo de jamal 1

Refying Borrowing Club-THIS PLACE ES COOL GUYS! 1

Consolidation Préstamo 1

Personal o Consolidación 1

Pauls Car 1

Préstamo por la libertad 1

Pagar FINALMENTE! 1

Consolidación de MASH 1

Boda de destino 1

Cargo por la tarjeta de la tienda 1

Nombre: título, dtype: int64

A partir de los resultados anteriores, podemos concluir que tanto las columnas de título de préstamo como de propósito de préstamo contienen información que se superpone de alguna manera. Sin embargo, la columna de propósito de préstamo contiene valores menos discretos en comparación con la columna de título de préstamo. Una vez más, la columna de propósito del préstamo es fácilmente incomprobable, por lo tanto, lo mantendremos a medida que dejemos caer la columna de título del préstamo.

Vamos a ir y soltar la columna de título del préstamo como se acordó anteriormente

Estos son los códigos para este propósito:
```
drop_cols ['last_credit_pull_d', 'addr_state
prestatario','título de
préstamo','earliest_cr_line']
filtered_loans de filtered_loans.drop(drop_cols,eje-
1)
```

2.3.1 Obtención de características numéricas de columnas categóricas

En este punto, es muy importante convertir las diversas columnas categóricas en características numéricas que serán útiles en los siguientes pasos.

Pero en primer lugar en general, describiremos las diversas formas de características categóricas en los conjuntos de datos anteriores:

Valores ordinales : Estos son valores categóricos del orden natural que significa que se pueden ordenar en orden ascendente o descendente. Por ejemplo, en las secciones anteriores llegamos a la conclusión de que el Club de Préstamos tiene la calificación de los prestatarios de A a G y luego asignamos a cada uno una tasa correspondiente. Un prestatario de grado A es menos riesgoso, mientras que un prestatario de grado G representa el grupo más arriesgado como se ilustra a continuación:

A < B < C < D < E < F < G

Donde < implica "menos riesgo que"

Valores nominales: Aquí tenemos esos valores que son valores categóricos regulares que no se pueden ordenar de nuevo. Ejemplo, es posible pedir a los solicitantes de préstamos que ya están en la base de datos de empleo basado en la columna de longitud, es decir,(préstamo emp_length) visa en los años que han pasado como parte del taller. El orden de los valores nominales se puede hacer como se ilustra a continuación:

Educación<Trabajo<casa<boda<familia<jubilación.

Desde nuestro conjunto de datos, podemos categoríar expresamente las columnas que tenemos como se muestra a continuación:

Valores ordinales: grado de préstamo, emp_length prestatario

Valores Nominales: Borrower_home_ownership, verification_status de préstamo, loan_purpose y plazo del préstamo.

Para manejar estos dos enfoques diferentes, se nos pedirá que asignemos los valores ordinales a enteros usando elmétodop andas DataFrame llamado replace(). Esta función se utilizará para asignar tanto la calificación del préstamo como el emp_length del prestatario a sus valores numéricos correspondientes.

Los códigos para realizar esta tarea incluyen:

```
mapping_dict de la casa de la mapping_dict
"emp_lengthde  préstamos":
"12+ años": 10,
"9 años": 9,
"8 años": 8,
"7 años": 7,
"6 años": 6,
"5 años": 5,
```

```
"4 años": 4,
"3 años": 3,
"2 años": 2,
"1 año": 1,
"< 1 año": 0,
"n/a": 0
},
"grado":a
"A": 1,
"B": 2,
"C": 3,
"D": 4,
"E":5,
"F": 6,
"G": 7
}
}
filtered_loans filtered_loans.replace(mapping_dict)
filtered_loans[[' emp_lengthde
préstamo','grado']].head()
```

La salida para la tarea anterior es como se muestra a continuación

	Prestación emp_length	Grado
0	11	2
1	0	3
2	10	3
3	10	3
4	3	1

Este increíble, buen trabajo hasta ahora!!!!! Es hora de seguir adelante con lo de la conversión, de valores nominales a características numéricas. En primer lugar, debemos codificar las entidades nominales en variables ficticias después de lo cual se pueden convertir en valores numéricos. El proceso se ilustra a continuación:

- Usando el método pandas get_dummies() que devolverá un nuevo DataFrame con una columna para variables ficticias.

- Usando el método concat() para agregar las nuevas columnas ficticias al DataFrame original.

- Con el método drop, suelte las columnas originales por completo.

Vamos a mover en unad llevar a cabo el proceso de codificación de las columnas ya en nuestro conjunto de datos. Los códigos se ilustran a continuación:

```
nominal_columns ["home_ownership del prestatario",
"verification_statusde préstamo", "propósito del
préstamo", "término del   préstamo"]
dummy_df
pd.get_dummies(filtered_loans[nominal_columns])
filtered_loans pd.concat([filtered_loans, dummy_df],
eje 1)
filtered_loans de
filtered_loans.drop(nominal_columns, eje 1)
```

Por último, inspeccionaremos el resultado de esta sección sólo para confirmar que todas las características resultantes son de la misma longitud, sin valores nulos y son del tipo de datos numérico.

El método pandas utilizado aquí es: filtered_loans DataFrame:

```
<clase 'pandas.core.frame.dataframe'"">
Int64Index: 39176 entradas, 0 a 39254
Columnas de datos (hay 39 columnas en total):
loan_amnt 39178 float64 no nulo
plazo de préstamo 39178 flotador no nulo64
grado de préstamo 39178 no nulo int64
prestatario emp_length 39178 int64 no nulo
prestatario annual_inc 39176 float64 no nulo
loan_status 39176 no nulo int64
dti 39176 float 64 no nulo
delinq_2yrs 39176 float64 no nulo
inq_last_6mths 39176 float64 no nulo
open_acc 39176 float64 no nulo
pub_rec 39176 float64 no nulo
revol_bal 39176 float64 no nulo
revol_util 39176 float64 no nulo
total_acc 39176 float64 no nulo
fico_average 39176 float64 no nulo
prestatario home_ownership_MORTGAGE 39176 uint8 no
nulo
prestatario home_ownership_NONE 39176 uint8 no nulo
prestatario home_ownership_OTHER 39176 uint8 no nulo
prestatario home_ownership_OWN 39176 uint8 no nulo
prestatario home_ownership_RENT 39176 uint8 no nulo
préstamo verification_status_Not Uint 8 no nulo
verificado
```

préstamo verification_status_Source Verificación 39176 uint8 no nulo

préstamo verification_status_Verified 39176 uint8 no nulo

préstamo purpose_car 39176 uint8 no nulo

préstamo purpose_credit_card 39176 uint8 no nulo

préstamo purpose_debt_consolidation 39176 uint8 no nulo

préstamo purpose_educational 39176 uint8 no nulo

préstamo purpose_home_improvement 39176 uint8 no nulo

préstamo purpose_house 39176 uint8 no nulo

préstamo purpose_major_purchase 39176 uint8 no nulo

préstamo purpose_medical 39176 uint8 no nulo

préstamo purpose_moving 39176 uint8 no nulo

préstamo purpose_other 39176 uint8 no nulo

préstamo purpose_renewable_energy 39176 uint8 no nulo

préstamo purpose_small_business 39176 uint8 no nulo

préstamo purpose_vacation 39176 uint8 no nulo

préstamo purpose_wedding 39176 uint8 no nulo

préstamo term_ 30 meses 39176 uint8 no nulo

préstamo term_ 66 meses 39176 uint8 no nulo

dtypes: float64(12), int64(3), uint8(24)

uso de la memoria: 5.8 MB

</clase>

Este es un trabajo maravilloso hecho, **felicitaciones**! Hemos logrado limpiar un conjunto de datos muy grande ahora listo para el aprendizaje automático. Patea en la espalda para agregar más habilidades de limpieza a tu banco de datos. Sólo necesitas practicar estas habilidades de vez en cuando para la perfección.

<Lejos del Club de Préstamos, explicaremos otras técnicas de manipulación de datos>

2.3.2 Mapeo de características ordinales

Esta es otra forma de convertir valores categóricos en enteros que pueden ser fácilmente interpretados por el aprendizaje automático. Cuando se trata de etiquetas de entidades de tamaño, a veces nunca hay una función conveniente que pueda hacer la conversión automática directamente. Por lo tanto, tenemos que realizar la asignación manualmente. Usaremos el siguiente ejemplo para ilustrarclaramente este proceso. Supongamos que tenemos características con una diferencia conocida como se muestra a continuación:

```
YL -L + 1 á M + 2.
>>> size_mapping á
 'YL': 4,
 'L': 3,
M': 1'
 df['size'] á df['size'].map(size_mapping)
 df
```

OUTPUT

```
color    size    price      classlabel
0 verde  A       10.1       claseA
1 rojo   B       13.5       claseB
2 azul   C       15.3       claseC
```

Para la transformación posterior donde encubrimos cada entero de vuelta a su cadena original, podemos realizar esto a través de un diccionario de asignación inversa como se muestra:

```
inv_size_mapping éu: v for v,  u  en

size_mapping.items()
```

La función anterior se puede realizar a través del método de mapa pandas ubicado en la columna de entidades transformadas que es más o menos similar a   size_mapping método discutido anteriormente.

2.3.3 Manejo de etiquetas de clase

Las etiquetas de clase también deben convertirse en enteros para facilitar la manipulación por las bibliotecas de aprendizaje automático. Tenga en cuenta también que es más factible proporcionar etiquetas de clase como una matriz para evitar muchos problemas en el procesamiento de datos. Por lo tanto, para como para codificar etiquetasdeclase, todavía podemos aplicar el mismo enfoque que hicimos con la asignación de valores ordinales y características categóricas discutidas anteriormente. Tenga en cuenta también que las etiquetas de clase nunca son ordinales y, por lo tanto, pueden tomar cualquier tipo de entero. En realidad podemos comenzar a nombrar nuestra cadena de matriz de 0, no se producirá ningún problema. Mira los siguientes códigos:

```
import NumPy como np

class_mapping de la etiqueta:idx para idx,label en
```

```
enumerate(np.unique(df['classlabel']))
class_mapping
'classA': 0, 'claseB': 1'
```

Los códigos anteriores representan un diccionario de asignación que acabamos de definir. Ahora vamos a usar este diccionario de asignación para convertir las etiquetas de clase en enteros correspondientes. ¡¡¡Aquí vamos!!!

```
df['classlabeA'] á
df['classlabeA'].map(class_mapping)
Df
```

Salida

	color	size	price	classlabel
0	verde	1	11.1	0
1	rojo	2	14.5	1
2	azul	3	16.3	0

También es posible realizar el procedimiento inverso donde invertimos los pares clave-valor en el diccionario de asignación como se indica a continuación. Los códigos transformarán las etiquetas de clase a su representación de cadena original.

```
inv_class_mapping de la letra de la
inv_class_mapping: k para k, u en
class_mapping.items()-df['classlabeA']
ádf['classlabeA'].map(inv_class_mapping)df
```

Salida

color	size	price	classlabel
0 verde	1	11.1	clase1
1 rojo	2	14.5	clase2
2 azul	3	16.3	clase1

alternativamente, este proceso se puede realizar utilizando una conveniente LabelEncoder como se implementa directamente en scikit-learn como se muestra a continuación:

```
importación de sklearn.preprocessing importar
LabelEncoder
class_le - LabelEncoder()
x - clase_le.fit_transform(df['classlabeA'].values)
X
array([0, 1, 0])
```

También tenga en cuenta que la función fit_transform método es básicamente un acceso directo al método de ajuste de llamada y, a continuación, se transforma por separado. Además, el método inverse_transform se puede aplicar para encubrir de nuevo el entero de etiquetas de clase de nuevo a la cadena de matriz original como se muestra a continuación:

```
class_le.inverse_transform(y)
array(['classA', 'classB', 'classA'], dtype-object)
```

2.3.4 Método de codificación de un solo uso

Anteriormente aprendimos sobre el enfoque de asignación de diccionario simple para convertir las características de tamaño ordinal a los enteros correspondientes. En realidad usamos labelEncoder clase para transformar las etiquetas de cadena en

114

enteros correspondientes. Del mismo modo, acabamos de utilizar el mismo enfoque para transformar la columna de color nominal como se muestra a continuación:

```
X á df[['color', 'size', 'price']].values
color_le de la clase LabelEncoder()
X[:, 0] á color_le.fit_transform(X[:, 0])
X
array([[1, 1, 10.1],
[3, 3, 13.5],
[0, 3, 15.3]], dtype-object)
```

Salida

Después de ejecutar los códigos anteriores, la disposición resultante se verá como la siguiente:

```
Azul-------0
Verde------1
Rojo-------2
```

Podemos evitar este problema utilizando la técnica del método de codificación de un solo uso donde primero tenemos que crear una nueva característica ficticia para cada uno de los valores nominales únicos presentes. Al hacer esto, habríamos convertido las características de color en los colores exactos, es decir,rojo, verde y azul. A continuación, los equivalentes enteros se pueden asignar fácilmente a cada color. Por ejemplo, los colores se pueden codificar como azul, 0, verde, 1 y azul 1. Esto se puede hacer a través del uso de OneHotEncoder como se ilustra a continuación:

```
de sklearn.preprocessing importar OneHotEncoder
ohe - OneHotEncoder(categorical_features-[0])
ohe.fit_transform(X).toarray()
```

115

```
matriz([[ 0. , 0. , 0. , 1. , 11.1],
       [ 0. , 0. , 1. , 2. , 14.5],
       [ 1. , 0. , 1. , 3. , 14.3]])
```

Más convenientemente, puede utilizar get_dummies método de los pandas para implementar el proceso anterior. Afortunadamente, get_dummies solo funcionan en la columna de cadena dejando a todos los demás intactos. El proceso se ilustra a continuación:

```
pd.get_dummies(df[['price', 'color', 'size']])
```

Salida

	tamaño del precio	color_blue	color_red	color_green
0	11.1	1	1	1	0
1	14.5	2	0	1	1
2	16.3	3	0	0	0

2.4 Normalización de datos

La normalización de datos o a veces denominada escalado de características es un paso crucial en la preparación del conjunto de datos para el aprendizaje automático. Las plataformas de aprendizaje automático, como los árboles de decisión y los árboles de decisión aleatorios, no requieren normalización, pero hay otras plataformas generalmente llamadas algoritmos optimizados que funcionan mejor cuando los datos se han reducido.

Supongamos que tenemos dos características donde una se mide en una escala de 1 a 10 mientras que la otra oscila entre 0 y 10000. Cuando se utiliza la función de error al cuadrado una Adaline, es indudable que el algoritmo se concentrará más en el error más grande a expensas de la característica más pequeña. Esto ilustra claramente la necesidad de realizar la normalización o estandarización de datos en otras literaturas.

La normalización simplemente se refiere al proceso de reescalado hacia abajo de las entidades a una escala de [0,1] que representa la escala mínima-máxima.

El procedimiento para la implementación mínima-máxima es como se ilustra a continuación:

```
from sklearn.preprocessing importar MinMaxScaler
mms á MinMaxScaler()
Y_train_norm á mms.fit_transform(Y_train)
Y_test_norm á mms.transform(Y_test)
```

La normalización se vuelve útil cuando necesitamos redimensionar los valores en un intervalo delimitado donde la escala max-min se vuelve muy útil. La estandarización, una faceta de la normalización se ha utilizado prácticamente en la mayoría de los algoritmos de aprendizaje automático, especialmente en la introducción de modelos lineales como la regresión logística y SVM. Con esta técnica, inicializamos el peso de cada entidad para que sea 0 o a valores aleatorios más pequeños al menos cerca de 0. El siguiente paso es centrar las diversas columnas de entidad es o cerca de 0 y con una desviación estándar de 1 asegurando que las columnas de entidad adopten una forma de distribución normal desde donde podemos identificar fácilmente los pesos. La estandarización de nuevo conserva información muy útil sobre los valores atípicos, por lo tanto, hace que el algoritmo sea menos sensible tales características. Se trata de una mejora de la escala max-min donde todo debe estar dentro de una escala limitada.

La implementación de la estandarización es la siguiente:

```
de sklearn.preprocessing import StandardScaler
```

```
stdsc - StandardScaler()
Y_train_std á stdsc.fit_transform(Y_train)
Y_test_std á stdsc.transform(Y_test)
```

Nota mejor

En la estandarización, es igualmente importante corregir elcaler Estándar S solo una vez en el conjunto de datos para el entrenamiento y, a continuación, aplicar lo mismo para el resto de los conjuntos de datos de aprendizaje automático.

2.5 Características de la construcción

Hemos notado que un modelo funciona bien ejemplar en un conjunto de datos limpio en lugar de conjuntos de datos sin procesar un procedimiento descrito como **sobreajuste**. La tecnica de **sobre ajuste** da a un algoritmo un tiempo fácil para fijar parámetros demasiado cerca de la observación particular cuando se trata de conjunto de datos limpios / de entrenamiento en lugar de al manejar datos sin procesar o conjunto de datos de prueba.

Un modelo de aprendizaje automático es normalmente complejo para manejar datos sin procesar, por lo que el sobreajuste debe tener lugar debido a las siguientes razones:

- Práctica de recopilación de más conjuntos de datos de entrenamiento

- Introducción de penaltis siempre que haya complejidad en lugar de cuando hay regularización.

- Normalmente se prefiere un modelo más simple con muy pocos parámetros.

- Esfuerzo para reducir las dimensiones de datos a los valores más bajos posible.

En las subsecciones de este tema, abordaremos formas comunes de realizar un sobreajuste a la luz de las técnicas de regularización y reducción de dimensionalidad visa vie selección de características.

2.5.1 Bosque aleatorio

Esta es una manera común de acceder a la utilidad de una entidad donde podemos medir fácilmente la importancia de la característica usando una disminución de impureza promedio. Esto se calcula en forma de todos los árboles de decisión que se encuentran en el bosque sin depender de suposiciones de si los datos que estamos utilizando son separables o no.

El método aplicado aquí se llama generalmente feature_importances_attribute aplicable sólo después de ajustar RandomForestClassifier como discutiremos más adelante. Así que en el ejemplo siguiente, se supone que entrenamos un bosque que consta de 1000 árboles y luego organizamos las 13 características disponibles en el orden de su importancia. El código para realizar esta tarea se escribe a continuación:

```
de sklearn.ensemble importar RandomForestClassifier
feat_labels df_wine.columns[1:]
bosque: RandomForestClassifier(n_estimators-1000,
random_state-0,
n_jobs-1)
forest.fit(Y_train, X_train)
importancias - bosque.feature_importances_
indices : np.argsort(importancias)[::-1]
para f en range(X_train.shape[1]):
```

```
print("%2d) %-*s %f" % (f + 1, 30,
feat_labels[f],
```

bueno, la salida es la siguiente:

marca de importancia del vino (índices [f])

1) Alcohol   0.192508

2) Acido málicoity   0,188574

3) Contenido de ceniza   0.160954

4) Bascity de ceniza   0.151983

5) Magnesio   0.146564

6) Total de fenoles disponibles 0.138249

7) Flasafioides   0,120717

8) Fenoles noflavanoides   0.112039

9) Proantocianinas   0,095385

10) Intensidad del color del vino 0.082369

11) Tono medido   0,072070

CAPÍTULO 3

Aprendizaje supervisado

Como habíamos mencionado anteriormente, el aprendizaje supervisado es una de las formas más comunes y más utilizadas del aprendizaje automático. Por lo tanto, en este capítulo, abordaremos los detalles más finos del aprendizaje supervisado mencionando los diversos algoritmos aplicados en el mismo. Recuerde que normalmente aplicamos el aprendizaje supervisado siempre que queremos predecir los resultados de ciertas entradas cuando ya tenemos los ejemplos de entradas y salidas. Debemos crear un modelo de aprendizaje automático basado en estos pares de entrada y salida que generalmente se conocen como pares de entrenamiento. Nuestro objetivo real es llegar a las predicciones más precisas para esos conjuntos de datos nuevos y nunca vistos. Se requiere un esfuerzo para construir el conjunto de entrenamiento, realizar la automatización que se supone que acelerará esa tarea de otro modo inviable y laboriosa.

3.1   Clasificación del aprendizaje automático supervisado

El aprendizaje supervisado de Machine se clasifica en dos tipos diferentes: Clasificación y Regresión.

Clasificación

Para la clasificación, el objetivo principal es una etiqueta de clase específica de una lista predefinida ya conocida por los programadores. Revisaremos la clasificación del iris donde se supone que clasificaremos el iris disponible en una de las tres clases posibles. La clasificación de nuevo se puede dividir en dos clases a saber:

1. **Clasificación binaria**: Esto implica el uso de dos clases exactas, del mismo modo que el término binario implica 1 o 0. Ejemplos comunes en este caso sería: Responder a una pregunta sí o no, clasificación de correo electrónico en spam o no spam. Un correo electrónico no deseado se puede equiparar a sí en este caso. Normalmente en la clasificación binaria, generalmente hablamos de una clase como positiva, mientras que la otra se dice que es negativa. Lo positivo aquí no implica ninguna forma de beneficio o valor, sino más bien lo que implica el objeto en estudio. Para nuestro ejemplo de correo electrónico, se usaría positivo para representar la clase de spam. Esa clase que normalmente se atribuye a ser ing positivo a menudo se considera como el tema y debe ser muy específica para el dominio.

2. **Clasificación multiclase: La clasificación se realiza en función de más de**dos clases, por ejemplo, el caso de iris donde teníamos tres clases. Otro ejemplo posible en este caso sería predecir el lenguaje utilizado en un sitio web basado en su texto de una lista de posibilidades predefinidas.

3.2 Regresión

En este caso, se supone que debemos predecir un número continuo o más bien un número de punto flotante como se conoce en términos de programación (número real como para términos matemáticos normales). Un ejemplo perfecto que implica una tarea de regresión sería predecir el salario anual de una persona en función de su nivel de educación, edad y lugar de residencia. La cantidad que se predecirá aquí puede ser cualquier entero entre un rango específico de valores. Otro ejemplo factible en regresión sería predecir el rendimiento de una vaca lechera dentro de un período de tiempo determinado. Para obtener el valor más preciso, tenemos que considerar otros atributos como el rendimiento anterior, las condiciones climáticas, la cantidad de alimento consumido, el número total de empleados y probablemente el número de vacas en la granja. Al rendimiento aquí se le puede asignar un valor arbitrario.

NOTA

Necesitamos identificar una manera perfecta de diferenciar la regresión de la clasificación. Y esto se puede lograr a través de un análisis agudo de la salida para comprobar si hay algún tipo de continuidad en los valores de salida. Para una producción con continuidad, el proceso es obviamente regresión, por ejemplo, predecir los ingresos anuales de un trabajador del gobierno. El valor predicho puede $50,001 o $49,999. Este es un valor continuo, aunque no da la cantidad exacta si se supone que la persona debe ganar $50,000. Todavía está bien cuando el algoritmo predice $50,001 o $49,999 a expensas de $50,000.

Para el caso de predecir un idioma del sitio web que se encuentra dentro de las premisas de la clasificación, no tenemos nada como grado. Un sitio web es un idioma u otro, nada en el medio. Nunca existe continuidad entre idiomas, un idioma sigue siendo un idioma. No hay nada entre alemán e inglés.

3.3 Procedimiento: Generalización, Sobreajuste y Subadaptación

Recuerde que nuestro objetivo principal en el aprendizaje supervisado es modelar en función de los valores conocidos como conjunto de datos de entrenamiento y luego hacer predicciones sobre no vistos y un nuevo conjunto de datos que son equivalentes a los datos de entrenamiento en términos de características.

Cuando un modelo tiene éxito para realizar predicciones precisas sobre el conjunto de datos no visto y nuevo, el proceso se conoce como generalización de conjunto de datos entrenados o de entrenamiento. Nuestro modelo debe ser capaz de hacer las predicciones más precisas posible. Esto es muy posible cuando el conjunto de datos de entrenamiento y el conjunto de datos de prueba tienen suficientes características comunes. El nivel de precisión también depende de la complejidad del modelo. Los modelos muy complejos pueden no ser muy precisos. Por lo tanto, es aconsejable definir el nivel de complejidad de su modelo antes de comenzar el trabajo exacto.

Veamos un ejemplo aquí abajo para ejemplificar los puntos anteriores. Digamos que un economista quiere predecir si un cliente sería capaz o no de comprar carne a una carnicería. Consideraremos los registros anteriores del cliente, si posee una casa, estado civil y muchos otros. El objetivo es utilizar estos datos para ponerse en contacto cercano con aquellos clientes que tienen más probabilidades de comprar carne. Los menos interesados no serán contactados tan regular como el resto.

Vamos a utilizar la siguiente tabla como los detalles del cliente para nuestro modelo

Edad del cliente	Número de coches que posee el cliente	El cliente es dueño de la casa	Número total de niños del cliente	Estado civil del cliente	El cliente es dueño de un perro	El cliente tiene más de cinco trabajadores
68	1	Sí	2	Casado	No	Sí
50	3	No	1	Casado	Sí	No
21	0	No	0	Viuda	Sí	Sí
24	1	Sí	1	soltero	No	Sí
43	0	No	2	soltero	No	No
38	2	Sí	1	Casado	Sí	Sí
27	1	Sí	2	Viuda	No	No
40	4	Sí	3	Casado	No	Sí
56	2	No	2	Divorciado	No	No
64	2	Sí	1	Casado	Sí	Sí
57	1	No	2	Casado	Sí	Sí
33	2	No	1	soltero	No	No

Cuando estudiamos la mesa cuidadosamente, necesitamos señalar la pregunta más probable que señala a esos clientes probables que compran carne. Los economistas pueden tratar una pregunta como: "Si el cliente tiene menos de40 años, tiene más de cinco trabajadores, es dueño de un perro y no está divorciado". Los criterios son 100% precisos debido al hecho de que la carne de la carnicería necesita consumidores que en este caso incluyen a la esposa, los hijos, el perro y los cinco trabajadores. En la hoja de datos anterior, esta regla es perfectamente precisa. Sí, hay muchas otras posibilidades, pero no tan precisas como la descrita anteriormente. Podemos decir cómodamente que la mayoría de los clientes, probablemente, pueden ser aquellos que tienen 67, 53, 52 o 57 años de edad. No debe aparecer ninguna edad en la hoja de datos dos veces.

Ya tenemos una solución a los clientes anteriores, nuestra mayor preocupación es por los nuevos clientes que esperamos comprar más carne. Por lo tanto, debemos diseñar una nueva regla que funcione perfectamente para los nuevos clientes con un logro del 100%. Una vez más debemos entender que la regla que se nos ocurrió anteriormente funcionará perfectamente para los nuevos clientes. Algunas columnas son bastante complejas, por ejemplo, la columna de estado civil, tenemos que depender de casados o no. Eso funcionaría perfectamente. La única manera de acceder a la precisión del algoritmo en un nuevo conjunto de datos es confirmar cómo funciona con respecto al conjunto de datos de entrenamiento. Las reglas o modelos simples proporcionan una mejor generalización de los nuevos datos, por ejemplo, una regla como "si los clientes son mayores de 40 años" sería más inclusiva para casi todos los clientes. La regla se vuelve más confiable cuando el número de niños y el estado civil están involucrados. Para crear el modelo más simple, debemos comprobar la regla más inclusiva aplicable en todas las columnas.

Cuando el Economist en nuestro caso crea un modelo muy complejo para nuestro conjunto de datos, entonces el proceso se denomina **sobreajuste.** Este método entra en juego cuando uno se ajusta a un conjunto de datos demasiado cerca de los más detalles del conjunto de datos de entrenamiento. El modelo obtenido de esta manera funciona mejor para el conjunto de datos de entrenamiento, pero no puede generalizar en el nuevo conjunto de datos.

Cuando se llega a un modelo de datos muy simple, por ejemplo, "todo el que tiene una casa es dueño de un perro". Esta regla captura a casi todos los clientes, pero desafortunadamente deja fuera los detalles más finos de los clientes. Es más probable que el modelo funcione terriblemente incluso en el conjunto de datos de entrenamiento. Este tipo de técnica se llama **Underfitting**.

A estas alturas ya hemos aprendido que cuanto más complejo es nuestro modelo, más fácil será predecir con mayor precisión el conjunto de datos de entrenamiento. Sin embargo, uno debe tener mucho cuidado acerca de ser demasiado particular y complejo. El problema surge cuando nos centramos demasiado en cada característica individual y nos desempeñamos mal en el frente de la generalización. Por lo tanto, la tarea consiste en ser capaz de mejorar la complejidad y mantenerla generalización.

En la curva siguiente se ilustra un equilibrio desarrollado entre el sobreajuste y el subajuste:

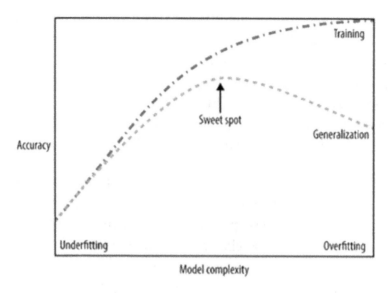

Figura 3-1: Un modelo de complejidad de compensación

3.3.1 Complejidad del modelo y Tamaño del conjunto de datos

Es igualmente importante tener en cuenta que la complejidad del modelo está directamente vinculada al tipo de datos del conjunto de datos de entrenamiento. Un conjunto de datos con una variación/variedad muy grande es probable que atraiga un modelo muy complejo que capturaría todos los detalles variados y más finos. Cuantos más puntos de datos tenga, más complejo será el modelo. Tenga en cuenta también que simplemente duplicar los mismos puntos de datos o recopilar datos similares puede no dar lugar a un modelo complejo por fin.

Volviendo a nuestra tabla de clientes, si en cualquier caso tenemos un total de 11.999 filas que cumplieron con la regla "Si el cliente tiene menos de 40 años, tiene más de cinco trabajadores, posee un perro y no está divorciado", podemos estar seguros de que el modelo de este mundo sea perfecto en su complejidad. De lo contrario, si la regla estaba en tándem con sólo 10 filas, entonces este sería un modelo terrible por fin.

Tener más datos que cubran la generalización de pozos puede ofrecer modelos perfectos, especialmente con el aprendizaje supervisado. En este libro nos centraremos en los datos de conjuntos que se fijan. El mundo real presenta un buen punto para decidir si recopilar más datos o no.

3.4 Algoritmos en el aprendizaje supervisado

En esta sección, abordaremos los algoritmos de aprendizaje automático más populares que describen cómo manejan los conjuntos de datos de entrenamiento y los nuevos conjuntos de datos. A partir del resultado, esperamos que los algoritmos hagan las predicciones más precisas.

Una vez más también aprenderemos sobre la complejidad del modelo y cómo este concepto afecta al proceso de construcción de nuevos modelos con respecto a cada algoritmo. Al explicar cada algoritmo, destacaremos las diversas fortalezas y debilidades implicadas junto con el tipo de datos que sea más apropiado para cada algoritmo.

A veces puede parecer inútil simplemente leer a través de los diversos algoritmos al igual que cualquier otra novela. Cuando utilizamos un modelo para explicar las intrigas de cada modelo, los conceptos aquí se vuelven fáciles de entender. Los algoritmos de aprendizaje automático pueden ser difíciles de comprender a veces, pero cuando inculcamos un modelo con ejemplos, asegúrese de entender todos los detalles más finos.

3.4.1 Conjuntos de datos de muestra

En esta sección y más los siguientes, abordaremos varios conjuntos de datos a medida que explicamos los diversos algoritmos. Asegúrese de cumplir con una variedad de conjuntos de datos, desde datos pequeños y sintéticos hasta datos del mundo extremadamente grandes obtenidos de situaciones reales de la vida.

Comenzaremos con un conjunto de datos sintético que consta de solo dos clases o entidades. El código utilizado creará una dispersión del conjunto de datos como una forma de visualizar todos los puntos de datos en este caso. Nuestra gráfica de dispersión tendrá una entidad representada en el eje X, mientras que la otra entidad ubicada en el eje Y. Los puntos representan cada punto de datos, mientras que el color y la forma indican la clase de cada punto de datos.

En [1]:

```
#code para generar conjunto de datos
X, y - mglearn.datasets.make_forge()
#code para trazar dataset
mglearn.discrete_scatter(X[:, 0], X[:, 1], y)
plt.legend(["Clase 0", "Clase 1"],  loc-4)
plt.xlabel("característica uno")
plt.ylabel("Segundo dos")
imprimir("X.shape:", X.shape)
Salida [1]
X.forma: (24, 2)
```

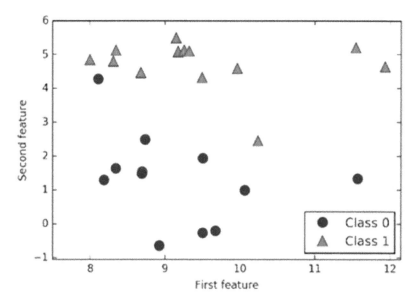

Figura 3.2 Gráfica de dispersión

La salida anterior muestra un gráfico de dispersión de un dataset con dos entidades y un total de 24 elementos.

A continuación, demostraremos el algoritmo de regresión utilizando datos de onda sintética. Un dato de onda sintética consta de una sola entidad de entrada con una variable de destino continua. El gráfico de dispersión creado a continuación indica una sola entidad trazada en el eje X mientras el objetivo de regresión se encuentra en el eje Y

En [3]:

```
X, y - prctlearn.datasets.make_wave(n_samples-38)
plt.plot(X, y, 'o')
plt.ylim(-4, 4)
plt.xlabel("Feature")
plt.ylabel("Respuesta")
```

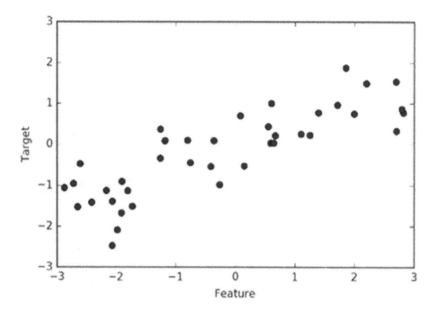

Figura 3.3- Gráfica del conjunto de datos que muestra el objetivo de regresión

Hemos utilizado datos de esta dimensión con una sola entidad o como máximo dos, que es fácil de trazar y visualizar al mismo tiempo. Piense en una gráfica donde en el eje X, tenemos más de seis entidades. Habrá una claridad reducida y uno puede no ser capaz de diferenciar una parcela de otra.

Sin embargo, es posible que las deducciones realizadas a partir de estos datos de baja dimensión no se apliquen necesariamente al conjunto de datos de alta dimensión. Tenga en cuenta esta declaración, ya que ayudará durante la inspección de algoritmos con dimensiones bajas.

En el siguiente paso, vamos a analizar estos conjuntos de datos de baja dimensión con conjuntos de datos de visión del mundo más realistas de scikit-learn sobre el cáncer de mama. Los casos de cáncer se registran como "benignos" para esos tumores inofensivos o "malignos" para representar casos graves de cáncer. El modelo aquí predecirá si un tumor reportado es maligno o benigno.

Podemos cargar nuestros datos de scikit-learn usando el siguiente método:

```
de sklearn.datasets importación load_breast_cancer
cáncer de load_breast_cancer()
impresión("cancer.notes():n", cancer.keys())
```

Salida
```
cancer.notes():
dict_keys(['data', 'response', 'response_names',
'DESCR', 'feature_names', 'filename'])
Nuestros datos se componen de 570 puntos de datos
junto con 25 características
impresión("detalles de los datos de cáncer:",
cáncer. datos. forma)
```

Salida
```
Detalles de los datos sobre el cáncer: (570, 25)
```

A partir de los datos anteriores, 250 puntos de datos se etiquetan como malignos y 320 etiquetados como benignos como se muestra a continuación:

```
impresión("cuentasde muestra en cada clase:n",
    Nn: v para n, v en zip(cáncer.
target_names, np. bincount(cáncer. objetivo)) )
```

Salida
Recuentos de muestras en cada clase:
```
'maligno': 250, 'benigno': 320o
```

El siguiente paso implica conocer la descripción detallada de cada entidad, es decir, la definición semántica de cada entidad. Utilizamos el método: feature_names:

```
impresión("Descripcionesde características:n",
cáncer. feature_descriptions)
```

SALIDA

Nombres de características:

['averageradius' 'averagetexture' 'averageperimeter' 'averagearea'

'averagesmoothness' 'averagecompactness' 'averageconcavity'

'averagehollow   points'   'averagesymmetry'   'averagefractal dimension'

'radius error' 'error de textura' 'error perimetral' 'error de área'

'error de suavizado' 'error de compactación' 'error de concavidad'

'error de puntos huecos' 'error de simetría' 'error de dimensión fractal'

"peor radio" 'peor textura' 'peor perímetro' 'peor área'

'peor suavidad' 'peor compactación' 'peor concavidad'

'peores puntos huecos' 'peor simetría' 'peor dimensión fractal']

Nuestro siguiente ejemplo implica un conjunto de datos de regresión donde usamos datos de Auras Housing Corporation. El propósito principal de este conjunto de datos es predecir el valor medio promedio de las casas que se encuentran en la mayoría de los barrios de Auras. Emplearemos el uso de otra información importante como: registros raros,proximidad al río Nilo, acceso a la carretera más cercana, etc. Nuestro conjunto de datos contiene un total de 500 puntos de datos junto con 12 entidades de descripción.

Comencemos:

```
de sklearn.datasets importa load_Auras
auras - load_auras()
impresión("Forma de datos de auras:", auras. datos.
forma)
```

Salida
```
Forma de datos: (500, 12)
```

Como estudiante, en realidad se puede acceder a más características desde el atributo DESCR de auras. Sin embargo, para esta sección nos centraremos en solo 13 mediciones junto con todas las interacciones entre entidades. En términos simples, accederemos a la relación entre la tasa de criminalidad y el acceso a la carretera más cercana. Este tipo de relación se puede llamar un producto de dos características normalmente denominadas características derivadas (ingeniería de características). El método utilizado para este caso se etiqueta: load_extended_auras como se muestra a continuación:

```
X, y - mglearn. conjuntos de datos.
load_extended_auras()
impresión("X.shape:", X. forma)
```

Salida
```
X.forma: (500, 111)
```

Las lecturas 500 y 111 son las características originales del conjunto de datos.

Ahora estamos listos para aprender sobre los diversos algoritmos de aprendizaje automático por el uso de los conjuntos de datos disponibles. En primer lugar, volveremos a visitar los vecinos más cercanos son algoritmos más bien (k-NN).

3.4.2 k- Vecinos más cercanos

k-Vecinos más cercanos probablemente es el algoritmo de aprendizaje automático más simple aplicable en el modelado del sistema. Con este algoritmo, solo necesitamos almacenar los valores del conjunto de datos de entrenamiento. Los valores almacenados en el conjunto de datos de entrenamiento se usan durante la predicción de un nuevo conjunto de datos. El algoritmo realmente muló el valor más cercano a un nuevo punto de datos, de ahí el nombre 'vecino más cercano'.

Clasificación de algoritmos k-NN

Para la versión más simple del algoritmo k-NN implica donde el algoritmo considera un vecino más cercano exacto que en el sentido real en el punto de datos de entrenamiento más cercano punto a ese nuevo punto al que queremos hacer predicciones. El tipo de algoritmo k-NN se ilustra a continuación:

```
knlearn. parcelas. plot_knn_classification(n_neighbors1)
```

Salida

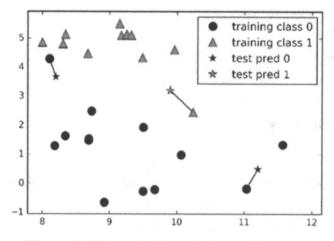

Figura 3.4 Trazado de un vecino más cercano

136

En la gráfica anterior, hemos añadido otros tres puntos de datos y para cada uno marcó el punto más cercano en el conjunto de datos de entrenamiento. Luego, usando el algoritmo de un vecino más cercano, hicimos predicciones a los puntos más cercanos marcados por el color cruzado.

El siguiente tipo de algoritmo de vecino más cercano implica cuando identificamos un número arbitrario de puntos más cercanos a los nuevos puntos de datos. Esto da el origen del algoritmo de vecino k-más cercano del algoritmo donde aplicamos la votación para asignar una etiqueta en particular. Esto implica que para cada uno de los puntos de prueba, identificamos el número de puntos de datos más cercanos en la etiqueta 0, luego a la etiqueta 1 y así sucesivamente. Después de lo cual asignamos las clases con el mayor número de vecinos k-más cercanos. Este proceso se ilustra a continuación:

```
knlearn. parcelas. plot_knn_classification(n_neighborsn.o4)
```

Salida

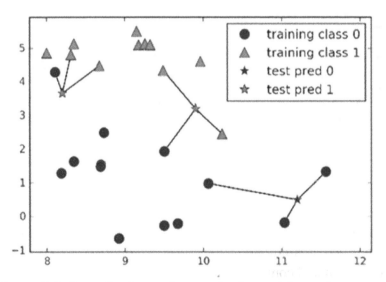

Figura 3.5: 3 predicciones de trazado de modelos más cercanos

Las predicciones en la gráfica anterior también se han hecho utilizando la cruz de color. Es notable darse cuenta de que el resultado es diferente especialmente para el punto de datos en la esquina superior izquierda si tuviéramos que usar un vecino más cercano. Bueno, este modelo es aplicable a cualquier número de clases donde simplemente contamos el número de puntos de datos más cercanos y usando el resultado para predecir la clase más común.

El siguiente paso ilustra cómo utilizar el algoritmo vecino k más cercano en scikit-learn. Tenga en cuenta que el primer paso implica dividir los datos disponibles en seta de datos de entrenamiento y en un conjunto de pruebas antes de analizar el rendimiento general del algoritmo. Estudie cuidadosamente los coeds a continuación:

```
de sklearn.model_selection  importación
train_test_splitting
Y,x  -  knlearn. conjuntos de datos. make_forge()
X_train,  X_test, ,  y_train, y_test
train_test_split(X, y,  random_state,0 )
```

Los siguientes códigos importa n.o de formación tanto el conjunto de datos de entrenamiento como el conjunto de datos de prueba realizan un proceso de inicialización que nos permitirá establecer parámetros, incluido el número de vecinos que se utilizarán. Establecemos los parámetros en 5.

```
de sklearn.neighbors  importar  KneighborsClassifier
clf -  KNeighborsClassifier(n_neighbors5)
```

A continuación, intentamos ajustar el clasificador basado en el conjunto de datos de entrenamiento, KneighborsClassifier se utiliza para almacenar el conjunto de datos que nos permite calcular vecinos durante la predicción como se muestra: `clf. ajuste(X_train, y_train)`

A continuación, usaremos el método predict para calcular el punto más cercano para cada punto de datos en el conjunto de datos de entrenamiento y, finalmente, identificaremos la clase más común entre los calculados.

```
print("Test data set predictions:", clf.
predecir(X_test))
```

SALIDA

```
Predicciones del conjunto de datos de prueba: [0 1 1
0 1 0 1]
```

También podemos comprobar la precisión de nuestro modelo en función de su capacidad de generalización, aquí vamos a recordar el método descoring como se muestra a continuación:

```
impresión("Precisión del conjunto de datos deprueba:
.2f". formato(clf. puntuación(X_test, y_test)))
```

SALIDA

```
Precisión del conjunto de datos de prueba: 0,87
```

El resultado anterior muestra que nuestro modelo es 87% preciso, lo que indica que fue capaz de predecir la clase correcta con precisión para el 87% de las muestras encontradas en el conjunto de datos de prueba.

KNEIGHBORSCLASSIFIER

Las predicciones para un conjunto de datos bidimensionales son posibles dentro del plano xy. El color del plano corresponde a la clase asignada a un punto de datos de esa región. A partir de esta coloración, podemos identificar el límite de decisión que representa la región entre donde el algoritmo k-NN asigna la clase 0 y donde asigna la clase 1. Este tipo de visualización se puede crear mediante el siguiente código:

```
higo,  ejes  ,  plt. subtramas(1,  3, tamaño de la
figura(11,  3))
para n_neighbors,  hacha  en  cremallera([1,  3,
9],  ejes):
    El método de ajuste devuelve el objeto self, por
lo que podemos crear instancias
    • y encajar en una línea
    clf á  KNeighborsClassifier(n_neighbors-
n_neighbors). ajuste(X,  y)
    mglearn. parcelas. plot_2d_separator(clf,  X,
fill,True,  eps,0,6,  axáax  ,  alfa. 4)
    mglearn. discrete_scatter(X[:,  0],  X[:,  1],
y,  axáx)
    hacha. set_title("Vecino(s).
formato(n_neighbors))
    hacha. set_xlabel("característica llamada 0")
    hacha. set_ylabel("característica llamada 1")
ejes[0]. leyenda(locn.o3)
```

SALIDA

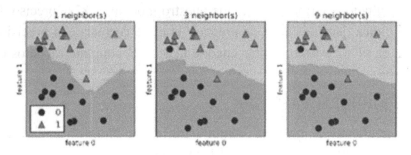

Figura 3.6: Decision boundaries

A partir de la gráfica anterior, el uso de un vecino da como resultado un límite de decisión nítido en lugar demuchosvecinos que dan límites dedecisión más suaves. Un límite de decisión más suave implica un modelo más simple, mientras que un límite de decisión nítido muestra lo complejo que es un modelo.

Ahora vamos a confirmar la relación entre la complejidad del modelo y la generalización utilizando los siguientes códigos:

```
de sklearn.datasets importar load_prostate_tumor
tumor   load_prostate_tumor()
X_train, X_test, y_trainX_test , y_test
train_test_split (
    tumor. datos, tumor. objetivo, estratificar-
tumor. objetivo, random_state77)
training_accuracy  []
test_accuracy  []
• Intente analizar k_neighbors del 1 al 9
neighbors_settings de rango(1, 11)
para n_neighbors en neighbors_settings:
    • sección destinada a construir el modelo
    clf á KNeighborsClassifier(n_neighbors-
n_neighbors)
    clf. ajuste(X_train, y_train)
    • Código destinado a registrar la precisión del
conjunto de entrenamiento
    training_accuracy. anexar(clf.
puntuación(X_train, y_train))
    • código destinado a registrar la precisión de
la generalización
```

```
test_accuracy. anexar(clf. puntuación(X_test,
y_test))
plt. parcela(neighbors_settings,  training_accuracy,
etiqueta-"precisión del conjunto de datos
deentrenamiento")
plt. trazado(neighbors_settings,  test_accuracy,
etiqueta-"precisión del conjunto de datos deprueba")
plt. ylabel("Precisión del modelo")
plt. xlabel("n_neighbors")
plt. leyenda()
```

Salida

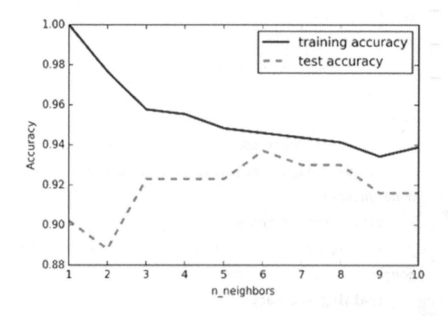

Figura 3.7: Gráfica de comparación entre la precisión del
entrenamiento y la precisión de la prueba

REGRESIÓN DE K-NEIGHBORS

Esta es otra sección del algoritmo vecino k-más cercano implementado en el uso de la clase KNeighborsRegressor que se puede recuperar de scikit-learn. El método funciona de forma similar a KneighborsClassifier. La implementación es la siguiente:

```
de sklearn.neighbors importar KneighborsRegressor
X, y - kglearn. conjuntos de datos.
make_signal(n_samples40)
```
• *el código siguiente divide el dataset de señal en un entrenamiento y un conjunto de pruebas*
```
X_train, X_test, , y_train, y_test
train_test_split(X, y, random_state,0 )
```
• *inicializa el modelo mientras establece el número de vecinos que se deben considerar en 3*
```
reg á KNeighborsRegressor(n_neighbors3)
```
#code ajustar el modelo en función del conjunto de datos de entrenamiento y los objetivos de formación
```
reg. ajuste(X_train, y_train)
```

En el siguiente paso, debemos hacer predicciones sobre el conjunto de datos de prueba como se muestra a continuación:
```
print("Test data set predictions:n", reg.
predecir(X_test))
```

Salida
```
Predicciones del conjunto de datos de prueba: [-
0.054 0.359 1.139 -1.894 -1.137 -1.631 0.359 0.912 -
0.449 -1.137]
```

KNEIGHBORSREGRESSOR

Analizaremos un conjunto de datos unidimensional para visualizar cómo se verán las predicciones para todos los valores de entidad posibles. Para lograr esto, sólo tiene que crear un conjunto de datos de prueba de muchos puntos ubicados en el eje X que en el sentido real responde a la única entidad.

```
higo, ejes , plt. subtramas(1, 3, tamaño de la
figura(15, 4))
• Código para crear 1.000 puntos de datos espaciados
uniformemente en el raneg -3 y 3
línea de np. linspace(-3, 3, 100). remodelar(-1,
1)
para n_neighbors, hacha en cremallera([1, 3,
9], ejes):
    #code hacer predicciones usando 1, 3 o 6 vecinos
reg á KNeighborsRegressor(n_neighbors-n_neighbors)
reg. ajuste(X_train, y_train)
hacha. trazado(línea, reg. predecir(línea))
hacha. parcela(X_train, y_train, '', c-mglearn.
cm2(0), tamaño de marcadorn.o8)
hacha. parcela(X_test, y_test, 'v', c-mglearn.
cm2(1), tamaño de marcadorn.o8)
hacha. set_title(
        "'vecino(s) de la(s)puntuación del tren:
puntuación de la prueba: .2f. formato(
n_neighbors, reg. puntuación(X_train, y_train),
reg. puntuación(X_test, y_test)))
```

```
hacha. set_xlabel("Característica uno")
hacha. set_ylabel("Respuesta uno")
ejes[0]. leyenda(["Predicciones del modelo",
"Conjunto de datos de entrenamiento/respuesta",
                "Conjunto de datos de prueba
/response"], locá"mejor")
```

De las parcelas anteriores, podemos deducir que cuando se utiliza un solo vecino, hay una influencia obvia en las predicciones. El uso de más vecinos proporciona una predicción más suave, pero a veces pueden no encajar en los datos de entrenamiento.

Parámetros de KNeighbors Classifier

Basado en el principio, KNeighbors tiene dos parámetros importantes, es decir, el número real de vecino y cómo deducir la distancia entre los puntos de datos. Un número menor de vecinos es aconsejable aunque este es un parámetro que se puede reajustar para ajustarse en consecuencia. La distancia entre los puntos de datos puede no estar dentro de la periferia del programador en este momento, aunque por defecto se aplica la distancia euclidiana.

Fortalezas del clasificador KNeighbors

- El algoritmo k-NN es muy fácil de entender con un rendimiento razonable que no necesita muchos ajustes.

- El algoritmo k-NN es como una línea base y un bloque de construcción para otros algoritmos complejos de aprendizaje automático.

- El uso del modelo de vecino más cercano presenta una predicción muy rápida, especialmente con un número razonable de puntos de datos.

Debilidades del clasificador KNeighbors

- K-vecinos más cercanos algoritmo a menudo no se utiliza en la práctica debido a la velocidad lenta en las predicciones y también es incapaz de manejar muchas características a la vez.

3.4.3 Modelos lineales

Los modelos lineales son aquellos modelos que son demandados para hacer predicciones basadas en una función lineal que es una derivada de las entidades de entrada.

Los modelos lineales en regresión pueden caracterizarse por modelos para la predicción en los que una línea representa una sola entidad, un plano cuando se utilizan dos operaciones e hiperplano para entidades superiores a dos.

El uso de una sola línea con fines de predicción parece muy restrictivo y se pierden muchos detalles más finos en el proceso. Esto parece muy cierto especialmente con una predicción de hiperplano. Imagine que estamos concentrados en el objetivo y como una combinación lineal de todas las entidades. Esto funciona mejor en la mayoría de los casos donde tenemos un conjunto de datos con amplias variaciones, especialmente para un caso en el que tiene más puntos de datos que el conjunto de datos de entrenamiento. En este escenario, cualquier destino y se puede modelar fácilmente mediante una función lineal.

Actualmente hay una variedad de modelos lineales para la regresión en los que la diferencia clave aquí radica en la forma en que w y b se obtienen del conjunto de datos de entrenamiento y cómo se comprueba la complejidad del modelo.

REGRESIÓN LINEAL

Este tipo de modelo lineal también se llama Normal mínimo cuadrado (OLS) que sigue siendo el más simple y clásico. OLS se preocupa por la captura de los parámetros w y b que minimizarán el error cuadrado en las predicciones. Una vez más, la regresión lineal busca un destino verdadero y ubicado en el conjunto de datos de entrenamiento. Para calcular el error cuadrado medio, debe obtener la suma de las diferencias cuadradas entre todas las predicciones y el valor exacto y, a continuación, el resultado dividido por el número total de muestras.

La regresión lineal afortunadamente no tiene parámetros que es un plus en su lado. Sin embargo, no hay manera de que pueda supervisar la complejidad del modelo.

Echa un vistazo a los siguientes códigos utilizados para producir un modelo:

```
de sklearn.linear_model importación LinearRegression
X, y - mglearn.datasets.make_wave(n_samples-70)
X_train, X_test, y_train, y_test train_test_split(X,
y, random_state-42)

Lr - LinearRegression().fit(X_train, y_train)
```

Los parámetros de pendiente se almacenan de forma diferente como se muestra a continuación: el parámetro de pendiente "w" también conocido como pesos o coeficientes se encuentran en los parámetros de método/atributo `coef_attribute`, desfase o intercepción "b" almacenados en el `intercept_attribute`.

```
print("lr.coef_:",  lr. coef_)
print("lr.intercept_:",  lr. intercept_)
```

Salida
```
lr.coef_: [0.386]
lr.intercept_: -0.045204343026759746
```

NOTA: El atributo `coef_` y `intercept_` tienen algunos guiones bajos finales para mostrar que pueden almacenar cualquier cosa derivada de los datos de entrenamiento o, más bien, los parámetros definidos por el usuario.

El atributo `intercept_` siempre se inicializa con un número float, mientras que el tipo de datos de `coef_attribute` es una matriz NumPy que consta de una entrada por entidad de entrada. Estas características se ilustran a continuación:

```
imprimir("Puntuación del conjunto de datos de
entrenamiento: .2f". formato(lr. puntuación(X_train,
y_train)))
imprimir("Puntuación del conjunto de datos de
prueba: .2f". formato(lr. puntuación(X_test,
y_test)))
```

Salida
```
Puntuación del conjunto de datos de entrenamiento:
0,68
Puntuación del conjunto de datos  de prueba: 0,65
```

Este mismo ejemplo cuando se realiza mediante el uso de R^2, el resultado es variante como en el caso anterior. Confirmemos estas afirmaciones:

```
imprimir("Puntuación del conjunto de datos de
entrenamiento: .2f". formato(lr. puntuación(X_train,
y_train)))
imprimir("Puntuación del conjunto de datos deprueba:
.2f". formato(lr. puntuación(X_test, y_test)))
```

Salida
```
Puntuación del conjunto de datos de entrenamiento:
0,94
Puntuación del conjunto de datos de prueba: 0,62
```

La discrepancia anterior entre los resultados del conjunto de datos de entrenamiento y el conjunto de datos de prueba ilustra el concepto de sobreajuste que no da espacio para el control de complejidad.

REGRESIÓN DE RIDGE

Esta es la alternativa más utilizada a la regresión lineal estándar. En realidad, la regresión de cresta presenta otra forma de modelado lineal utilizando la misma fórmula de mínimos cuadrados ordinarios. Los coeficientes elegidos aquí realizan las tareas de predicción de los datos de entrenamiento, así como ajustar cualquier restricción adicional. Al mismo tiempo, la magnitud de w debe ser lo más pequeña posible (el valor de w debe tender a cero). La misma instrucción sigue esimpsmpl que cada entidad tendrá el menor efecto en los resultados, por lo tanto, una pendiente más pequeña como sea posible. Este tipo de restricción representas un concepto comúnmente conocido como **regularización** que denota una restricción explícita a un modelo con el fin de evitar el sobreajuste.

La regresión de ridge se puede implementar como se muestra a continuación:

```
de mklearn.linear_model  importación  Ridge
```

```
cresta de  Ridge(). ajuste(X_train,  y_train)
imprimir("Puntuación del conjunto de datos
deentrenamiento: .2f". formato(cresta.
puntuación(X_train,  y_train)))
imprimir("Puntuación del conjunto de datos deprueba:
.2f". formato(cresta. puntuación(X_test,  y_test)))
```

Salida

```
Puntuación del conjunto de datos de entrenamiento:
0,88
Puntuación del conjunto de datos de prueba: 0,76
```

Los resultados anteriores muestran que los datos de entrenamiento establecen la puntuación para la regresión de cresta es menor que la de la regresión lineal, mientras que el resultado del conjunto de datos de prueba es alto. Esto confirma nuestras expectativas de que la regresión lineal se trata mucho de sobreajuste, mientras que la regresión de cresta garantiza la restricción del modelo. Cuando se utiliza un modelo menos complejo, hay un rendimiento deficiente, especialmente con el conjunto de datos de entrenamiento, aunque con una generalización mejorada. Por lo tanto, cuando se espera una generalización adecuada, procurar trabajar con la regresión de la cresta sobre la regresión lineal.

La regresión de ridge presenta una diferencia notable entre la simplicidad del modelo (coeficientes cercanos a cero) y el rendimiento del modelo en el conjunto de datos de entrenamiento.

Para distinguir el grado de importancia de la regresión de la cresta en los parámetros anteriores, usaremos el parámetro alfa. El parámetro Alpha proporciona resultados óptimos dependiendo del tipo de conjunto de datos que estamos utilizando. Un alfa alto hace que los coeficientes se muevan hacia la marca cero, lo que afecta negativamente al rendimiento de los datos de entrenamiento y mejora en la generalización. Consideremos el ejemplo siguiente:

```
Ridge11 - Ridge(alfa11). ajuste(X_train, y_train)
imprimir("Puntuación del conjunto de datos
deentrenamiento: .2f". formato(ridge11.
puntuación(X_train, y_train)))
imprimir("Puntuación del conjunto de datos deprueba:
.2f". formato(ridge10. puntuación(X_test, y_test)))
```

Salida

```
Puntuación del set de entrenamiento: 0,78
Puntuación del conjunto de pruebas: 0,66
```

Como se ha señalado anteriormente, el uso de un alfa inferior da menos restricciones a los coeficientes, por lo tanto, se alejan de la marca cero. Cuando usamos valores insignificantes de alfa, los coeficientes obtienen la menor restricción y el modelo se convierte en eso de una regresión lineal como se muestra a continuación.

```
Ridge0.01 - Ridge(alfaá0,01). ajuste(X_train, y_train)
imprimir("Puntuación del conjunto de datos
deentrenamiento: .2f". formato(ridge0.01.
puntuación(X_train, y_train)))
imprimir("Puntuación del conjunto de datos deprueba:
.2f". formato(ridge0.01. puntuación(X_test, y_test)))
```

Salida

```
Puntuación del conjunto de entrenamiento: 0,96
Puntuación del conjunto de pruebas: 0,67
```

También podemos comprobar cómo los valores de alfa afectan al rendimiento de un modelo invocando el coef_attribute. Cuanto mayor sea el valor alfa, más restricción y viceversa. Por lo tanto, esperamos que las entradas de coef_attribute sean menores en magnitud cuando usamos un valor alto de alfa que cuando usamos un valor bajo de alfa. Vamos a intentarlo:

```
plt. parcela(cresta. coef_, 's', etiquetaá"Ridge
para el valor de alfa-1")
plt. parcela(ridge10. coef_, '', etiqueta,"Ridge
para el valor de alfa-10")
plt. parcela(ridge01. coef_, 'v', etiquetaá"Ridge
para el valor de alfa-0.1")

plt. parcela(lr. coef_, 'o',
etiquetaá"LinearRegression")
plt. xlabel("Magnitud del índice de coeficiente")
plt. ylabel("Magnitud del Coeficiente")
plt. hlines(0, 0, len(lr. coef_))
plt. ylim(-30, 30)
plt. leyenda()
```

Salida

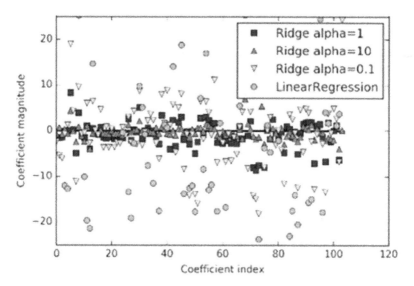

Figura 3.8: Parcelas de regresión de cresta con diferentes valores de alfa

Observaciones de las parcelas anteriores:

- Los coeficientes para alfa 10 están más concentrados en el rango de -3 a 3.

- Los puntos para alfa 1 son bastante más grandes.

- Los coeficientes para alfa-0,1 tienen una magnitud mayor y de nuevo la mayoría de los puntos están en línea con la regresión lineal sin mucha regularización.

LASSO

Esta es una alternativa a la regresión dela cresta con coeficientes muy estrictos cercanos a cero de una manera única arbitró a nosotros la regularización L1. La regulación L1 requiere que cuando se utiliza LASSO, algunos de los coeficientes se reducen a cero. Esto implica que algunas características terminan siendo marginadas por LASSO, también podemos hablar de selección automática de características. Sin embargo, como hemos entendido en las últimas secciones, cuando algunas características son iguales a cero la complejidad del modelo reduce la visualización cada vez mayor de las características más importantes del modelo.

Implementemos este tipo de algoritmo:

```
de sklearn.linear_model importar Lasso
lazo - Lazo(). ajuste(X_train, y_train)
imprimir("Puntuación del conjunto de datos
deentrenamiento: .2f". formato(lazo.
puntuación(X_train, y_train)))
imprimir("Puntuación del conjunto de datos deprueba:
.2f". formato(lazo. puntuación(X_test, y_test)))
impresión("el número total de características
aplicadas:", np. suma(lazo. coef_ !o 0))
```

Salida

```
Puntuación del conjunto de datos de entrenamiento:
0,28
Puntuación del conjunto de datos de prueba: 0,22
El número total de características aplicadas: 5
```

Los resultados anteriores son bastante indeseables, ya que los indicadores tanto del conjunto de datos de entrenamiento como del conjunto de datos de prueba son muy bajos. Además, Lasso solo utiliza 5 funciones de más de 100 funciones disponibles, un ejemplo perfecto de Underfitting. Lasso también puede aplicar el parámetro de regularización alfa que está destinado a controlar el movimiento de los coeficientes hacia cero. Usaremos un valor alfa de 0.01 y aumentaremos la configuración predeterminada de max_iter, es decir, el número total de iteraciones que se ejecutarán. El código se proporciona a continuación:

- aumentar la configuración predeterminada de "max_iter",

O de lo contrario nuestro modelo proporcionaría una advertencia de que necesitamos aumentar max_iter.

```
lasso001 - Lazo(alfa-0,01, max_itera1000000).
ajuste(X_train, y_train)
impresión("Puntuación del conjunto dedatos Trainin:
.2f". formato(lasso001. puntuación(X_train,
y_train)))
imprimir("Puntuación del conjunto de datos deprueba:
.2f". formato(lasso001. puntuación(X_test,
y_test)))
print("Thetotal number de características
aplicadas:", np. suma(lazo001. coef_ !o 0))
```

Salida

```
Puntuación del conjunto de datos de entrenamiento:
0,91
Puntuación del conjunto de datos de prueba: 0,79
El total de number de características aplicadas:44
```

Los resultados son mejores, ya que hemos podido corregir un modelo más complejo que funciona bien tanto en el conjunto de datos de entrenamiento como en el conjunto de datos de prueba. Este tipo de modelo es mejor que ridge, ya que hemos podido utilizar un total de 44 características de más de 100 características.

El uso de un valor inferior de alfa elimina el efecto de regularización y presenta un dato que ha pasado por un sobreajuste similar al de la regresión lineal como se muestra a continuación:

```
lasso00001 - Lazo(alfa-0.0001, max_itera100000).
ajuste(X_train, y_train)
imprimir("Puntuación del conjunto de datos
deentrenamiento: .2f". formato(lasso00001.
puntuación(X_train, y_train)))
imprimir("Puntuación del conjunto de datos deprueba:
.2f". formato(lasso00001. puntuación(X_test,
y_test)))
impresión("el número total de características
aplicadas:", np. suma(lasso00001. coef_ !o 0))
```

Salida

```
Puntuación del conjunto de datos de entrenamiento:
0,96
Puntuación del conjunto de datos de prueba: 0,63
El número total de características aplicadas:96
```

Una vez más podemos trazar estos coeficientes usando los siguientes códigos y obtener una figura como se muestra:

```
plt. parcela(lazo. coef_, 's', etiquetaá" valor de
Lasso alfa -1")
plt. parcela(lasso001. coef_, '', etiquetaá" valor
de Lazo alfa -0,01")
```

```
plt. parcela(lasso00001. coef_, 'v', etiquetaá"
valor de Lasso alfa -0.0001")

plt. parcela(ridge01. coef_, 'o', etiqueta,"valor
de Ridge alpha-0.1")
plt. leyenda(ncol2, locá(0, 1,05))
plt. ylim(-30, 30)
plt. xlabel("valor del índice de coeficiente")
plt. ylabel("valor de magnitud del coeficiente")
```

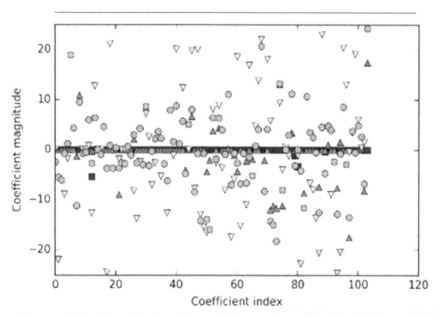

Figura 3.9: Magnitudes del coeficiente de regresión del lazo con valores variados de alfa

En resumen, la regresión de la cresta es siempre la mejor opción, pero el lazo funciona bien donde hay un gran número de características y sólo unas pocas de ellas son necesarias. Una vez

157

más el lazo es el modelo más fácil de interpretar y sólo selecciona los subconjuntos de características importantes.

3.4.4 Algoritmos de Clasificación Lineal

Los algoritmos más comunes para la clasificación lineal son:

- Regresión logística: este tipo de algoritmo se implementa en linear_model. Regresión logística.

- Máquina vectorial de soporte lineal (LSVM) implementada bajo svm. LinearSVC.

Vamos a implementar estos dos algoritmos de clasificación lineal como se muestra a continuación:

```
de sklearn.linear_model  importación  LogisticRegression
de sklearn.svm  importar  LinearSVC
X,  y  -  mglearn.  conjuntos de datos.  make_forge()
higo,  ejes  ,  plt.  subtramas(1,  2,  tamaño de
higuera(11,  4))
para el modelo,  hacha  en  zip([LinearSVC(),
LogisticRegression()],  ejes):
    clf  -  modelo.  ajuste(X,  y)
    mglearn.  parcelas.  plot_2d_separator(clf,  X,
fill,False,  eps,0,5,
                                     hachaáx,  alfa. 8)
    mglearn.  discrete_scatter(X[:,  0],  X[:,  1],  y,
axáx)
    hacha.  set_title(clf.  __class__.  __name__)
    hacha.  set_xlabel("Característica uno")
    hacha.  set_ylabel("Característica dos")
ejes[0].  leyenda()
```

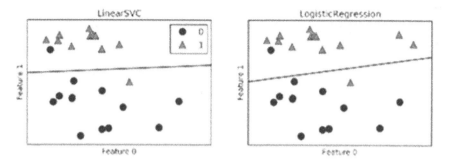

Figura 3.10: Límites de decisión de SVM y regresión logística

Los modelos anteriores proporcionaban casi los mismos límites de decisión.

También podemos analizar LogisticRegression usando el conjunto de datos de tumores de próstata como se ilustra a continuación:

```
de sklearn.datasets importar load_prostate_tumor
tumor   load_prostate_tumor()
X_train,  X_test, y_trainX_test , y_test
train_test_split (
tumor. datos,  tumor. objetivo,  estratificar-tumor.
objetivo,  random_state42)
logreg -  LogisticRegression(). ajuste(X_train,
y_train)
imprimir("Puntuación del conjunto de datos de
entrenamiento: .3f". formato(logreg.
puntuación(X_train,  y_train)))
imprimir("Puntuación del conjunto de datos de
prueba: .3f". formato(logreg. puntuación(X_test,
y_test)))
```

Salida

Puntuación del conjunto de datos de entrenamiento:
0,945

Puntuación del conjunto de datos de prueba: 0,947

Para un modelo más interpretable, podemos aplicar fácilmente la regularización L1 que limitará el modelo sólo a unas pocas características. Todo el proceso se ilustra a continuación:

```
para C, marcador en zip([0.001, 10, 100], ['o',
'', 'v']):
    lr_l1 - LogisticRegression(C-C, penalti-"l1").
ajuste(X_train, y_train)
    impresión("Precisión de entrenamiento de L1
logreg con C-:.3f:: .2f". formato(
        C, lr_l1. puntuación(X_train, y_train)))
    impresión("precisión de los datos de prueba l1
logreg con C-:.3f:: .2f". formato(
        C, lr_l1. puntuación(X_test, y_test)))
    plt. parcela(lr_l1. coef_. T, marcador,
etiqueta,"C.: .3f". formato(C))
plt. xticks(rango(tumor. datos. forma[1]), tumor.
feature_names, rotación90)
plt. hlines(0, 0, tumor. datos. forma[1])
plt. xlabel("valor de la característica")
plt. ylabel("valor de magnitud del coeficiente")
plt. ylim(-8, 8)
plt. leyenda(locn.o3)
```

Salida

```
Precisión del conjunto de datos de entrenamiento de
12 logreg con C-0.001: 0.92
Precisión del conjunto de datos de prueba de 12
logreg con C-0.001: 0.94
Precisión del conjunto de datos de entrenamiento de
12 logreg con C-1.000: 0.94
Precisión del conjunto de datos de prueba de 12
logreg con C-1.000: 0.95
Precisión del conjunto de datos de entrenamiento de
12 logreg con C-100.000: 0.98
Precisión del conjunto de datos de prueba de 12
logreg con C-100.000: 0.97
```

Clasificación multiclase para modelos lineales

Aquí aplicamos el método UNO-vs.-TODOS para manipular un conjunto de datos de clasificación simple de tres clases. El ejemplo se muestra a continuación:

```
mglearn. parcelas.
plot_2d_classification(linear_svm, X, fill,True,
alfa. 7)
mglearn. discrete_scatter(X[:, 0], X[:, 1], y)
línea de np. linspace(-15, 15)
para coef, interceptar, color en zip(linear_svm.
coef_, linear_svm. intercept_,
mglearn. cm3. colores):
```

```
plt. trazado(línea,  -(línea  *  coef[0]  +
intercept )  /  coef[ 1],  c-color)
plt. leyenda(['Número declase 0',  'Clase número 1',
'Clase número 2', 'Clase de línea 0',  'Clase de
línea 1',
                'Clase de línea 2'],  loc(1.01,  0.3))
plt. xlabel("Característica uno")
plt. ylabel("Característica dos")
```

Parámetros de regresión lineal

Los principales parámetros encontrados hasta ahora son alfa y C; gran valor de C y pequeños valores de alfa presenta un modelo simple medio que es fácil de entender e incluso visualizar en una parcela.

Fortalezas de la regresión lineal

- Los modelos lineales son bastante rápidos para entrenar unnd predecir al mismo tiempo.

- También son muy aplicables con grandes conjuntos de datos y conjuntos de datos dispersos también.

- Cuando se utilizan modelos lineales, siempre es muy fácil entender el proceso que implica hacer predicciones especialmente con regresión y clasificación.

- Los modelos lineales siempre funcionan bien cuando el número de entidades es lo suficientemente grande en comparación con el número de muestras.

3.4.5 Clasificadores De save Bayes

Los Bayers ingenuos se asemejan a modelos lineales aparte del hecho de que son muy fáciles de entrenar. Basándose en la capacidad de generalización, los Bayers ingenuos proporcionan peores resultados en comparación con los modelos lineales. La velocidad rápida de los Bayers de nave está anclada en el hecho de que son capaces de aprender cada parámetro mirando cada entidad individual y luego recogiendo una muestra de cada clase de características.

Los clasificadores de La Bayers se agrupan en tres categorías: GaussianNB, MultinomialNB y BernoulliNB. MultinomialNB y BernoulliNB se utilizan normalmente en la clasificación de datos de texto donde BernoulliNB cuenta cuántas veces la entidad de una clase no tiene un valor cero. A continuación, se utilizan los mismos recuentos para clasificar los puntos de datos ubicados en la segunda clase. El proceso de contar todas las entradas distintas de cero es como se ilustra a continuación:

```
conteos de la unidad de número de nombre de página de
para la etiqueta en np. único(y):
    • código para habilitar la iteración en cada clase
    • Código para contar (sumar) entradas de 1 por entidad
    cuenta[etiqueta] - X[y , etiqueta].
suma(eje0)
impresión("Número de recuentos de características:n", cuenta)
```

Salida

Número de recuentos de características:

0: array([0, 1, 0, 1]), 1: array([2, 0, 3, 1])

MultinomialNB y GaussianNB son muy diferentes en la forma en que realizan sus procedimientos de predicción. MultinomialNB utilizas la técnica de promedio para cada entidad de clase, mientras que GaussianNB por otro lado tiene en cuenta el valor promedio, así como la desviación estándar que implica cada entidad de clase.

Fortalezas, debilidades y parámetros del algoritmo de Bayers ingenuos

– Tanto MultinomialNB como GaussianNB emplean el uso de un parámetro alfa para controlar la complejidad de los modelos. En este caso, el algoritmo agrega al valor alfa muchos puntos de datos de valores positivos de todas las entidades. Esto da como resultado un efecto de suavizado a las estadísticas con el tiempo. Y un valor alfa grande da un efecto más suavizante por lo tanto la complejidad del modelo reducida.

– GaussianNB es más aplicable con conjuntos de datos dimensionales grandes, mientras que los otros dos tipos se utilizan específicamente con conjuntos de datos de recuento disperso.

– En realidad, los Bayers ingenuos tienen fortalezas en su mayoría similares a las de los modelos de regresión lineal. Resultan en un modo rápido de entrenamiento y predicción con complejidad reducida por lo tanto muy fácil de entender. De hecho, los Bayers ingenuos forman un modelo de línea de base importante para conjuntos de datos muy grandes que pueden no ser muy aplicables con la mayoría de los modelos lineales.

3.4.6 Árboles de decisión

Es un tipo de algoritmo que se utiliza ampliamente al realizar tareas de clasificación y regresión donde son capaces de actualizar la jerarquía de instrucciones if y else por lo tanto tomar una decisión. Las preguntas son similares a las que se hacen cuando se desea separar cinco aves. En primer lugar, puede comenzar preguntando si el pájaro tiene características. La siguiente pregunta debería ayudarle a reducir a un número menor de aves, por ejemplo, si las aves vuelan. En caso afirmativo, a estas alturas ya deberías tener como máximo dos pájaros para distinguir. Este tipo de preguntas son útiles para construir un árbol de decisión necesario para tomar decisiones en un modelo. Se supone que cada nodo del árbol de decisión representa una pregunta o un terminal que tiene una respuesta determinada. Y los bordes por otro lado conectan las preguntas entre sí, progresan de un nivel de preguntas a otro.

Complejidad en los árboles de decisión

Cuando se construye un árbol hasta cuando se encuentran hojas puras, lo que significa que el modelo es 100% preciso en el conjunto de datos de entrenamiento y con cada punto de datos establecido como una hoja con la clase mayoritaria. Por lo tanto, el sobreajuste sólo es aplicable en las hojas, lo que de hecho es indeseable. Dos formas de lidiar con el sobreajuste implicarían aprender a manipular los distintos nodos de un árbol de la siguiente manera. El método implica el proceso de detención temprana de un árbol de desarrollarse (antes de la poda). El segundo método implica un escenario en el que se construye el árbol, pero luego se contraen esas necesidades de poca o menos información importante un proceso llamado poda posterior o, más bien, simplemente la poda. La poda previa se puede lograr limitando la profundidad máxima de un árbol en particular. Una vez más, el proceso puede tener éxito limitando el

165

número total de hojas o vísperas solo utilizando un número máximo de nodos por árbol.

Para ilustrar los efectos de la poda previa, analizaremos los datos del tumor de próstata como se muestra a continuación:

```
de sklearn.tree importación DecisionTreeClassifier
tumor load_prostate_tumor()
X_train, X_test, y_trainX_test , y_test
train_test_split (
    tumor. datos, tumor. objetivo, estratificar-
tumor. objetivo, random_state42)
árbol - DecisionTreeClassifier(random_states0)
árbol. ajuste(X_train, y_train)
imprimir("Precisión basada en el conjunto de datos
deentrenamiento: .3f". formato(árbol.
puntuación(X_train, y_train)))
impresión("Precisión basada en el conjunto de datos
deprueba: .3f". formato(árbol. puntuación(X_test,
y_test)))
```

Salida

```
Base de precisiónd en el conjunto de datos de
entrenamiento: 0,998
Precisión basada en el conjunto de datos de prueba:
0,961
```

La precisión en el conjunto de datos de entrenamiento como se esperaba es del 100% ya que el árbol tiene hojas puras y ha sido capaz de crecer lo suficientemente profundo como para que pueda memorizar perfectamente todas las etiquetas dentro del conjunto de datos de entrenamiento. Sin embargo, los resultados del conjunto de datos de prueba son peores que los de los modelos lineales. A partir de los resultados anteriores, podemos deducir que cuando no fijamos la profundidad de un árbol, puede crecer a una profundidad arbitraria con mayor complejidad. Por lo tanto, los árboles no podados son muy propensos a sobreadaptarse a una generalización deficiente. Estos desafíos se pueden superar mediante la aplicación de poda previa que ayudará a evitar que el árbol se desarrolle antes de encajar bien en el conjunto de datos de entrenamiento. El proceso se ilustra a continuación:

```
árbol - DecisionTreeClassifier(max_depth4,
random_statea0)
árbol. ajuste(X_train, y_train)
impresión("Precisión basada en el conjunto de datos
de entrenamiento: .3f". formato(árbol.
puntuación(X_train, y_train)))
impresión("Precisión basada en el conjunto de datos
de prueba: .3f". formato(árbol. puntuación(X_test,
y_test)))
```

Salida

```
Precisión basada en el conjunto de datos de
entrenamiento: 0,998
Precisión basada en el conjunto de datos de prueba:
0,961
```

Análisis de la Decisión Tres

Para visualizar un árbol, utilice la función export_graphviz ubicada en el módulo de árbol. Usaremos una opción de colorear los nodos para reflejar la clase mayoritaria por nodo al pasar la clase y los nombres de las características para etiquetar el árbol correctamente. Los códigos para esta tarea en particular se muestran a continuación:

```
de sklearn.tree importación export_graphviz
export_graphviz(árbol, out_fileá"árbol.punto",
class_names,["bueno", "spoilt"],
feature_namesdecáncer. feature_names,
impurezas,Falso, rellenado-Verdadero)
```

Un árbol bien visualizado es bastante importante, ya que proporciona una visión general perfecta de cómo un algorithm hace varias predicciones. De hecho, los árboles de decisión son bastante fáciles de entender especialmente para los principiantes. La mayoría de los árboles nunca van más allá de la profundidad 10, pero incluso el más fácil de ellos, por ejemplo la profundidad 4 puede presentar algunos desafíos con respecto a la comprensión. Entre los mejores métodos para entender un árbol es primero examinar qué ruta de acceso ha tomado los datos y luego rastrear esa ruta donde terminará con un número específico de puntos de datos buenos y estropeados.

Característica Importancia de un árbol

Un árbol tiene una serie de propiedades que pueden estar gravando si los examinemos todos en esta sección. Sin embargo, es igualmente crucial entender un aspecto importante de los árboles comúnmente llamado importancia de la característica. Esta es en realidad la medida de cuánto es importante una entidad con respecto a la decisión-proceso de toma deun árbol. A cada entidad se le asigna un número de 0 o 1, donde 0 implica que la entidad se utiliza en absoluto, mientras que una significa que la entidad en particular es capaz de predecir perfectamente el objetivo. Para invocar este aspecto de un árbol, utilice el código siguiente:'

```
impresión("Importancias de características de un
árbol:")
impresión(árbol. feature_importances_)
```

La salida tiene este aspecto:
```
Importancia de la característica de un árbol:
[0. 0.    0. 0.    0. 0.    0. 0.    0. 0.    0.01
0.048
0. 0.    0.002 0.   0. 0.    0. 0.    0.727 0.046
0.    0.
0.014 0.    0.018 0.122 0.012 0.
```

Una entidad con un valor bajo en feature_importance_ no descalifica esacaracterística específica. El razonamiento aquí es que la característica particular nunca fue seleccionada por el árbol y probablemente otra característica tenía la misma información. La importancia de la característica es anotativa a los coeficientes en los modelos lineales, aunque nunca toman valores negativos.

Una vez más podemos aplicar árboles de decisión para hacer previsiones de hasta 2000 años. Aquí aplicamos dos conceptos importantes, DecisionTreeRegressor y LinearRegressor. En primer lugar, tenemos que entrenar el modelo y luego hacer predicciones. A continuación, aplicamos la asignación exponencial destinada a deshacer la transformación del logarithm. Las predicciones deben realizarse en todo el conjunto de datos para mejorar el proceso de visualización. Nuestra evaluación cuantitativa sólo tiene en cuenta los datos de prueba. Aquí están los códigos para el mismo proceso:
```
de sklearn.tree  importación DecisionTreeRegressor
```
• *Sección de código para aplicar datos históricos a
los precios de previsión después del año 2020*

```
data_train - ram_prices[ram_prices. fecha  <  2020]
data_test ram_prices  [ram_prices. fecha  >  2020]
```

• *La predicción de los precios se basa en la fecha*
```
X_train data_train  . fecha[:,  np. newaxis]
```
Aquí aplicamos una transformación logarítmica para que obtengamos una relación más simple de conjunto de datos a destino
```
y_train de  np. log(data_train. precio)
```

```
árbol :  DecisionTreeRegressor(max_depth3).
ajuste(X_train,  y_train)
linear_reg de campo :  Regresión lineal().
ajuste(X_train,  y_train)
```

• *Predicción realizada en todos los conjuntos de datos*
```
X_all ram_prices  . fecha[:,  np. newaxis]
```

```
pred_tree árbol  . predecir(X_all)
pred_lr linear_reg  . predecir(X_all)
```

```
#code destinado a deshacer la transformación
Logarítmica
price_tree de la página  np. exp(pred_tree)
price_lr np  . exp(pred_lr)
```

A continuación, trazamos los resultados utilizando los siguientes códigos:

```
plt. semilogía(data_train. fecha, data_train.
Precio, etiqueta-"Datos de formaciónet")
plt. semilogía(data_test. fecha, data_test. Precio,
etiqueta:"Conjunto de datos deprueba")
plt. semilogía(ram_prices. date, price_tree,
label,"Predicción de árbol")
plt. semilogía(ram_prices. fecha, price_lr,
etiqueta-"Predicción lineal")
plt. leyenda()
```

Salida

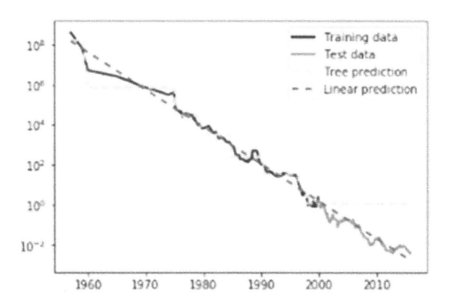

Figura 3.11: Trazado comparacional realizado por el modelo lineal y el árbol de regresión

A partir del trazado anterior podemos observar fácilmente las diferencias entre las predicciones hechas por modelos lineales y las predicciones de los árboles de regresión. Los modelos lineales como se esperaba hicieron predicciones con una línea, por lo tanto, proporcionando una mejor previsión de los datos de 2020. Esto se hace mientras el modelo lineal glosa sobre algunas de las variaciones que estaban presentes con el conjunto de datos de entrenamiento y el conjunto de datos de prueba. Por otro lado, el modelo de árbol hace predicciones perfectas sólo en el conjunto de datos de entrenamiento, ya que nunca hubo restricciones hechas al inicio del análisis. En otras palabras, el modelo de árbol no tiene capacidad para diferenciar nuevas respuestas de la que se vio en el conjunto de datos de entrenamiento. Este es un desafío que se extiende a través de los modelos de árboles de decisión.

Fortalezas, debilidades y parámetros de los árboles de decisión:

La complejidad en los árboles de decisión siempre está bajo el control de los parámetros de poda que obstaculizan el proceso de construcción de un árbol antes de que se desarrolle completamente.

Las principales ventajas de la decisión trees como hemos discutido anteriormente radica en la capacidad de una decisión para ser fácilmente entendido y visualizado incluso por armaduras. El algoritmo en sí es totalmente independiente del escalado de datos, ya que cada entidad se procesa por separado y luego se divide para su análisis antes del proceso de decisión. Más aún, la decisión se vuelve muy útil cuando se trabaja con características de diferentes escalas, por ejemplo, datos continuos y conjuntos de datos binarios.

Los árboles de decisión también tienen inconvenientes con respecto a la tendencia a sobreajustarse incluso con la poda previa, por lo tanto, proporciona un proceso de generalización deficiente. Para contrarrestar este desafío, los conjuntos de árboles de decisión se utilizan en su lugar. Estos métodos son muchos muchos en la literatura, pero por el bien de este aprendizaje, sólo vamos a considerar dos aspectos que son bosques aleatorios y gradiente impulsado árboles de decisión.

3.4.7 Random Bosques

Un bosque aleatorio como su nombre indica implica una colección de diferentes árboles de decisión y aplicados en la toma de decisiones. Esto resultará útil especialmente para superar los desafíos de la sobre adaptación y la mala generalización en los árboles de decisión. La razón clave para recopilar diferentes árboles de decisión es permitir que cada árbol realice un buen trabajo en la predicción de datos y puede sobreajustarse por parte de los datos de prueba. Cuando construimos muchos árboles que hacen predicciones perfectas pero tienen problemas de sobreajuste, podemos mejorar nuestro modelo final obteniendo el promedio de los valores de sobreajuste de cada árbol. Esto finalmente reduce el sobreajuste de los árboles mientras se conserva la buena característica de las predicciones perfectas.

Para implementar árboles aleatorios, necesitamos construir diferentes árboles para realizar diferentes funciones de predicción, todas orientadas a los datos de destino. Este tipo de algoritmo obtiene su nombre de la aleatoriedad que se utilizad al construir los diversos árboles que deben ser muy diferentes entre sí. Los dos métodos utilizados aquí para lograr el proceso aleatorio son: seleccionar los diversos puntos de datos implicados en la construcción de un árbol y seleccionar entidades de cada prueba dividida selecta.

173

Durante el proceso de predicción, el algoritmo primero hace predicciones para todos y cada uno de los árboles del bosque aleatorio. Después de lo cual el valor final es el promedio obtenido de todas las predicciones realizadas, esto se aplica con la regresión. Y para la clasificación, se aplica un proceso llamado votación blanda donde cada uno de los árboles proporciona una probabilidad suave sobre el resultado. La respuesta final se obtiene obteniendo el promedio de todas las probabilidades de todos los árboles y luego la clase con el valor más alto elegido.

Análisis de bosques aleatorios

Nuestro análisis constará de cinco árboles aleatorios y códigos que invocan los mismos se describen a continuación:

```
de sklearn.ensemble   importar
RandomForestClassifier
de sklearn.datasets   importación  make_moons


X,  y  ,  make_moons(n_samples,1000,  ruido,0,45,
random_state,6)
X_train,  X_test,  y_train,  y_test
train_test_split  (X,  y,  stratificary
                              random_state45)
bosque -  RandomForestClassifier(n_estimatorss5,
random_state2)
bosque. ajuste(X_train,  y_train)
```

Una vez que construimos los árboles en nuestro bosque aleatorio, se almacenan en el estimator_attribute. Ahora observamos los límites de decisión proporcionados por cada árbol en el bosque aleatorio y sus predicciones individuales. Los códigos para lograr esto están escritos a continuación:

```
higo, ejes , plt. subtramas(3, 4, tamaño de
higuera(30, 20))
para i,( ax, tree) in enumerate(zip(axes.
ravel(), bosque. estimators_)):
    hacha. set_title("Árbol". formato(i))
    mglearn. parcelas. plot_tree_partition(X_train,
y_train, árbol, axáx)

mglearn. parcelas. plot_2d_separator(bosque,
X_train, relleno,verdadero, áx-ejes[-1, -1],
                            alfa. 5)
ejes[-1, -1]. set_title("Predicción aleatoria del
bosque")
mglearn. discrete_scatter(X_train[:, 0],
X_train[:, 1], y_train)
```

En el siguiente ejemplo, podemos aplicar bosques aleatorios en los datos de cáncer de próstata que usamos inicialmente: Los códigos son los que se muestran a continuación:

```
 X_train, X_test, y_train, y_test train_
test_split(
    cáncer. datos, cáncer. objetivo,
random_statea0)
bosque : RandomForestClassifier(n_estimators100,
random_statea0)
bosque. ajuste(X_train, y_train)
```

```
impresión("Precisión del conjunto de datos
deentrenamiento: .3f". formato(bosque.
puntuación(X_train, y_train)))
impresión("Precisión del conjunto de datos deprueba:
.3f". formato(bosque. puntuación(X_test, y_test)))
```

Salida
```
Precisión del conjunto de entrenamiento: 1.000
Precisión del conjunto de pruebas: 0.981
```

Los resultados anteriores indican que los bosques aleatorios dan mejores resultados en comparación con los modelos lineales o un solo árbol como en los árboles de decisión cuando no se ha aplicado ningún otro parámetro.

Los árboles aleatorios no tienen en cuenta la importancia distinta de cero, especialmente con muchas más características de una mejor manera que los árboles individuales. La aleatoriedad implicada al construir muchos árboles diferentes permite al algoritmo considerar muchas otras posibilidades y explicaciones.

Debilidades, fortalezas y parámetros de los bosques aleatorios

Los bosques aleatorios, incluida la regresión y la clasificación, siguen siendo el algoritmo de aprendizaje automático más aplicado debido a su poderosa naturaleza, lo hace bien incluso sin ajustar los parámetros f y finalmente no se requiere escalado de datos.

Esencialmente los bosques aleatorios tienen los mismos beneficios que los de los árboles de decisión. Hacer predicciones usando muchos árboles puede ser difícil a veces. Esta es la razón por la que las decisiones compactas que involucran bosques aleatorios son necesarias, ya que el proceso es mucho más rápido y muy eficiente.

Los bosques aleatorios en su naturaleza son aleatorios y la construcción de un bosque aleatorio desde cero puede llevar mucho tiempo y muy tedioso. Este proceso puede ser alcanzable a través de una comunicación paralela con la mayoría de las unidades centrales de procesamiento recientes.

Los parámetros importantes con bosques aleatorios son n_estimators, max_features, max_depths, max_leaf_node y n_features están justo entre los muchos parámetros que al ajustar adecuadamente pueden ser apropiados cuando se trata de trees aleatorios.

Los árboles aleatorios, sin embargo, requieren mucha memoria para construir los muchos árboles que se encuentra en el bosque aleatorio. El proceso de entrenamiento y predicción también es muy lento en comparación con los modelos lineales cubiertos hasta ahora. Sin embargo, la regla sigue siendo "construir tantos como puedas de acuerdo con la memoria y el tiempo disponibles".

3.4.8 Máquinas de refuerzo de radiente de

Las máquinas de regresión impulsadas por degradado también representan un método de conjunto de muchos árboles de decisión involucrados en la toma de decisiones y la predicción. Aquí, los árboles se construyen en serie a diferencia de los bosques aleatorios. El objetivo principal es que cada árbol sucesivo pueda corregir los errores cometidos por los árboles anteriores. No hay nada como la aleatoriedad aquí y por lo tanto la poda previa tiene prioridad donde los árboles son de menor profundidad. Cuatro o cinco árboles de profundidad están bien, lo que en realidad es más rápido de manipular con respecto a la toma de decisiones. De hecho, requieren menos memoria en comparación con los bosques aleatorios. Las máquinas impulsadas por gradientes son en realidad el mejor algoritmo de aprendizaje automático y ampliamente utilizados en las industrias.

Los parámetros involucrados aquí incluyen la poda previa y el número de árboles implica en el conjunto. Otro parámetro clave es el learning_rate que simplemente indica la mejor manera de que el árbol siguiente sea capaz de corregir el error de los árboles anteriores. Cuanto mayor sea el valor para learning_rate, mejor será el modelo ya que es capaz de hacer correcciones muy fuertes por los errores cometidos por los árboles anteriores.

Este es un ejemplo del uso de GradientBoostingClassifier en el conjunto de datos de tumor de próstata que hemos estado usando todo el tiempo. Utilizaremos árboles de profundidad 3 con un número máximo de 100. La tasa de aprendizaje empleada en el ejemplo siguiente es 0.1. Echa un vistazo:

```
de sklearn.ensemble importar
GradientBoostingClassifier


X_train, X_test, y_trainX_test , y_test
train_test_split (
    cáncer. datos, cáncer. objetivo,
random_statea0)


gbrt - GradientBoostingClassifier(random_states0)
gbrt. ajuste(X_train, y_train)


impresión("Precisión para el conjunto de datos
deentrenamiento: .3f". formato(gbrt.
puntuación(X_train, y_train)))
impresión("Precisión para el conjunto de datos
deprueba: .3f". formato(gbrt. puntuación(X_test,
y_test)))
```

Salida

Precisión del conjunto de datos de entrenamiento:
1.000

Precisión del conjunto de datos de prueba: 0,968

Nuestra precisión en el conjunto de datos de entrenamiento es 100% lo que indica que estamos aplicando fuertemente sobreajuste que es muy indeseable. Podemos ajustar este problema haciendo hincapié en la poda previa y utilizando una tasa de aprendizaje de un valor más bajo como se muestra en los siguientes códigos:

```
gbrt - GradientBoostingClassifier(random_state,0,
max_deptha1)
gbrt. ajuste(X_train, y_train)

impresión("Precisión para el conjunto de datos de
entrenamiento: .3f". formato(gbrt.
puntuación(X_train, y_train)))
impresión("Precisión para el conjunto de datos de
prueba: .3f". formato(gbrt. puntuación(X_test,
y_test)))
```

Salida

Precisión del conjunto de datos de entrenamiento:
0,992

Precisión del conjunto de datos de prueba: 0,973

Una vez más podemos realizar el mismo procedimiento usando el siguiente código que se muestra a continuación:

```
gbrt á GradientBoostingClassifier(random_state,0,
learning_ratea0,01)
```

```
gbrt. ajuste(X_train, y_train)
```

```
impresión("Precisión del conjunto de datos de
entrenamiento: .3f". formato(gbrt.
puntuación(X_train, y_train)))
impresión("Precisión del conjunto de datos de
prueba: .3f". formato(gbrt. puntuación(X_test,
y_test)))
```

Salida

```
Precisión del conjunto de datos de entrenamiento:
0,989
Precisión del conjunto de datos de prueba: 0,966
```

Ambos métodos anteriores tienden a reducir la complejidad del modelo y a disminuir la precisión en el conjunto de datos de entrenamiento como esperábamos. Esto sucede reduciendo el número máximo de profundidad de árbol como una forma de mejorar el rendimiento general del modelo. Una vez más los dos modelos utilizaron un valor de learning_rate más bajo que a su vez está destinado a mejorar el rendimiento de la generalización.

La importancia de las características implicadas en la máquina o el tress aumentado en gradiente es más o menos similar a la de los árboles aleatorios, aunque en la complejidad de aumento de gradiente, algunas de las características se ignoran. También tenga en cuenta que tanto los árboles potenciados por gradiente como los árboles aleatorios funcionan en el mismo tipo de datos y, por lo tanto, es muy recomendable que comience con árboles aleatorios que deben dar resultados robustos. Los árboles aleatorios darán mejores resultados, aunque con un tiempo de predicción deficiente que se puede superar fácilmente a través del uso de árboles impulsados por la máquina. Una vez que haya aplicado árboles aleatorios y obtenido buenos resultados, asegúrese de utilizar árboles impulsados por máquina para acumular la última precisión necesaria para un modelo perfecto.

Fortalezas, debilidades y parámetros involucrados en árboles impulsados por la máquina

Sin embargo, los árboles impulsados por degradado son ampliamente utilizados en el aprendizaje automático, requieren un mayor ajuste de los parámetros y pueden ser costosos de entrenar, ya que requiere mucho tiempo. De forma similar a los modelos basados en árbol, los árboles potenciados por gradiente funcionan perfectamente sin escalado de datos y en una mezcla de tipos de datos (conjuntos de datos binarios y conjuntos de datos continuos). Es posible que la escasez de alta dimensión no esté muy bien con árboles impulsados por gradientes.

Los principales parámetros involucrados en los árboles impulsados por gradientes son n_estimators y learning_rate que se utilizan para controlar la profundidad de los árboles implica. La profundidad de los árboles en este caso es muy crucial ya que determina la complejidad de nuestro modelo y la velocidad de hacer predicciones. Otros parámetros se max_depth o alternativamente llamados max_leaf_node básicamente destinados a reducir la profundidad de la hoja, por lo tanto, reducir la complejidad del modelo en general. El otro último parámetro es max_depth que debe establecerse muy bajo especialmente para los modelos con refuerzo de gradiente por lo general no más de cinco divisiones.

3.4.9 *Máquinas vectoriales de soporte en núcleo*

Estas son otras formas de aprendizaje supervisado que pueden permitir modelos más complejos ya que no están restringidos dentro de los modelos de hiperplano.

Implementemos este tipo de modelo con respecto a la importancia de las características. Los códigos se muestran a continuación, estudiarlos cuidadosamente y tener en cuenta los componentes básicos involucrados:

```
X, y , make_blobs(centros5, random_state9)
y a y % 2

mglearn. discrete_scatter(X[:, 0], X[:, 1], y)
plt. xlabel("Característica uno")
plt. ylabel("Característica dos")
```

Salida

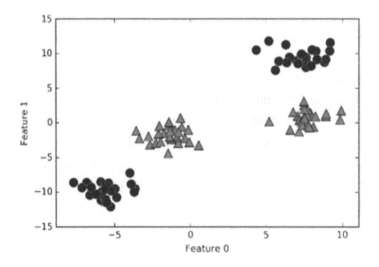

Figura 3.13: Parcelas de clasificación de dos clases

182

Un modelo lineal como se explicó anteriormente sólo es capaz de separar puntos utilizando una línea que puede no ser muy útil en esta etapa. Exploremos otros aspectos importantes de las máquinas virtuales.

```
de sklearn.svm importar LinearSVC
linear_svm - LinearSVC().ajuste(X, y)

mglearn.parcelas.plot_2d_separator(linear_svm, X)
mglearn.discrete_scatter(X[:, 0], X[:, 1], y)
plt.xlabel("Característica uno")
plt.ylabel("Característica dos")
```

La salida se parece a la que se muestra a continuación:

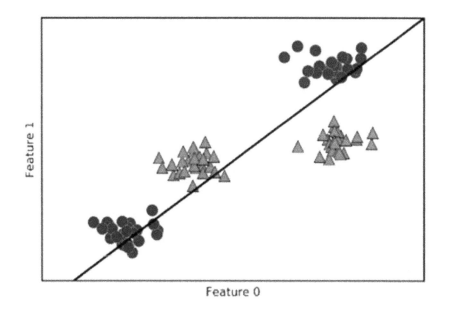

Figura 3.14: Gráficas de un límite de decisión para una SVM lineal

Vamos a probar una representación 3D de SVM y observar cómo se distribuyen los puntos de datos en el modelo. El código para realizar esta tarea en particular se muestra a continuación, estudie cuidadosamente:

```
#section para añadir la segunda función cuadrada
X_new de nnp . hstack([X, X[:, 1:] ** 2])


de mpl_toolkits.mplot3d importación Axes3D,
axes3d
figura : plt. figura()
#code para producir una visualización 3D
ax - Axes3D(figura, elev-152, azim-26)
#code se utiliza para trazar todos los puntos con y
0 primero y luego todos los puntos con y 1
Máscara de la imagen de  la
hacha. scatter(X_new[mask, 0], X_new[mask, 1],
X_new[mask, 2], cá'b',
        cmapámglearn. cm2, sa60, color de
borde'k')
hacha. dispersión(X_new[-máscara, 0],
X_new[,máscara, 1], X_new[ •máscara, 2], cá'r',
marcador'',
        cmapámglearn. cm2, sa60, color de
borde'k')
hacha. set_xlabel("característica uno")
hacha. set_ylabel("característica dos")
hacha. set_zlabel("feature1 ** 2")
```

Aquí está la increíble salida:

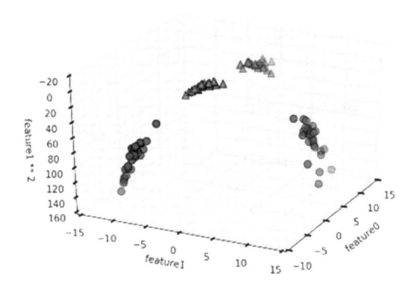

Figura 3.15: Visualización 3D del conjunto de datos ampliado

A partir de la resenta de 3 repeticiones anterior ahora podemos separar fácilmente las clases usando un modelo de línea como habíamos descubierto anteriormente en este libro. Confirmemos esto tratando de ajustar un modelo lineal a los datos aumentados. El código utilizado aquí se muestra a continuación, estudie cuidadosamente:

```
linear_svm_3d - LinearSVC(). ajuste(X_new, y)
coef, interceptar linear_svm_3d . coef_. ravel(),
linear_svm_3d. intercept_
```

```
• código para indicar el límite de decisión lineal
figura : plt. figura()
ax - Axes3D(figura, elev-152, azim-26)
```

```
xx - np. linspace(X_new[:, 0]. min() - 2,
X_new[:, 0]. max() + 2, 50)
yy - np. linspace(X_new[:, 1]. min() - 2,
X_new[:, 1]. max() + 2, 50)

XX, YY - np. malla(xx, yy)
ZZ        (coef[0]    *    XX    +    coef[1]    *
YY    +    interceptar)    / -coef[2]
hacha. plot_surface(XX, YY, ZZ, rstride8,
cstride,8, alfa 0.3)
hacha. scatter(X_new[mask, 0], X_new[mask, 1],
X_new[mask, 2], cá'b',
          cmapámglearn. cm2, sa60, color de
borde'k')
hacha. dispersión(X_new[-máscara, 0],
X_new[,máscara, 1], X_new[ •máscara, 2], cá'r',
marcador'',
          cmapámglearn. cm2, sa60, color de
borde'k')

hacha. set_xlabel("característica uno")
hacha. set_ylabel("característica dos")
hacha. set_zlabel("característica uno ** dos")
```

Echa un vistazo a la salida, se ve bastante maravilloso

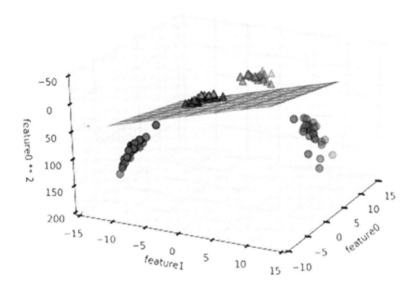

Figura 3.16: Conjunto de datos tridimensional ampliado que muestra un límite de decisión para una SVM lineal.

CAPÍTULO 4

Aprendizaje no supervisado

La siguiente categoría de aprendizaje automático es el aprendizaje no supervisado, mientras que el nombre sugiere, no hay ninguna salida definida, ningún instructor para guiar el algoritmo de aprendizaje. Aquí, el algoritmo de aprendizaje se indica como entradas y luego se le indica que extraiga información de los datos dados.

4.1 Categorías de aprendizaje no supervisado

El aprendizaje no supervisado se clasifica en dos tipos como se explica a continuación:

Transformaciones no supervisadas: En este caso, el algoritmo crea una nueva representación de los datos originales con el objetivo de simplificar el formato de datos. Esta nueva representación debe ser muy fácil de comprender tanto para los seres humanos como para las máquinas al mismo tiempo. Un ejemplo común en este caso es la cuestión de la reducción de alta dimensión donde el algoritmo recoge datos de muchas características y busca resumir estos datos mientras selecciona sólo las características esenciales que son muy pocas. Esto se puede lograr perfectamente en la reducción de datos de alta dimensión a dos- o una-dimensión para una fácil comprensión.

Otra mejor aplicación de la transformación no supervisada puede implicar donde el algoritmo sólo consolida partes y secciones del conjunto de datos que contienen información esencial como se ve en la extracción de temas y la recopilación de documentos de texto. El desafío aquí es determinar todos los temas desconocidos descritos en el documento y averiguar los temas para cada sección. Esto parece muy eficiente cuando la selección de temas sobre temas específicos como equipos de fútbol, presidentes de país y muchos otros. Algoritmo de *clúster:* el algoritmo de clúster como su nombre indica se preocupa principalmente por   dividir los datos en grupos de entidades o clústeres similares. Por ejemplo, al subir música a una plataforma social, puede agruparlos en grupos seculares, gospel, africanos, indios, europeos y muchos otros grupos disponibles.

4.2   Problemas encontrados en el aprendizaje no supervisado

Un gran contratiempo en el aprendizaje no supervisado es determinar si el algoritmo realmente aprendió algo muy útil. En realidad, los datos utilizados en el aprendizaje no supervisado apenas contienen información etiquetada y, por lo tanto, no estamos seguros del formato al que debe ser nuestra salida. Por lo tanto, parece muy difícil declarar que nuestro modelo lo hizo bien. Por ejemplo, un algoritmo para agrupar varias imágenes. Puede que no estemos en posición de decir que nuestro modelo hizo exactamente lo esperado. Nuestras imágenes no tienen etiquetas para mostrar que deben pertenecer a qué grupo en particular. La única solución es confirmar las imágenes a través de chequeos manuales que en sí mismo es un proceso muy costoso.

Consecuentemente, no supervisado se aplica principalmente en procedimientos de exploración donde un científico quiere entender mejor un objeto en particular, una forma de recopilación de información.

4.3 Procesamiento y escalado de datos

En la sección anterior aprendimos acerca de las máquinas virtuales que son muy sensibles al escalado de datos. Y por lo tanto, antes de comenzar a trabajar en los datos reales, hay una necesidad de ajustar las diversas características de nuestros datos para que puedan encajar dentro de los parámetros establecidos. A menudo, este proceso es muy simple, reescalar previamente las funciones y cambiar los datos. El proceso se realiza de las siguientes maneras:

4.3.1 Métodos de preprocesamiento

Este método aplica la técnica de StandardScaler que se encuentra en scikit-learn que garantiza que para todas y cada una de las entidades, el valor medio siempre es cero mientras que la varianza en este caso es una. Esto lleva todas las características a una magnitud común, como se desee. Sin embargo, este tipo de reescalado no proporciona ningún valor mínimo o máximo determinado para las entidades implica. El siguiente método es el uso de RobustScaler que tiene el mismo principio detrabajo que el StandardScaler, pero va un esfuerzo adicional para asegurarse de que todas las características involucradas finalmente llegar a la misma escala. RobustScaler realmente aplica el concepto de mediana y cuartil a diferencia de StandardScaler que utiliza la media y la varianza.

La siguiente técnica en esta sección es MinMaxScaler que corrige los datos para asegurarse de que todas las características se encuentran dentro del rango de 0 y 1. El mínimo debe ser 0 mientras que el máximo debe ser 1 y, por lo tanto, para un dato bidimensional, todas las entidades se fijan a fir dentro del eje X y el eje Y del rango 0 a 1.

La técnica final aquí implica el Normalizador que realiza el proceso de reescalado ajustando cada punto de datos para que su vector de entidad llegue a una longitud de longitud euclidiana de 1. Para el caso de datos de alta dimensión, proyecta una longitud igual al radio esférico.

4.3.2 Uso de transformaciones de datos

Usemos los datos del tumor de próstata para explicar este concepto junto con la técnica MinMaxScaler. Primero cargamos los datos y luego los dividimos en el conjunto de datos de entrenamiento y el conjunto de datos de prueba. El código está escrito a continuación:

```
de sklearn.datasets importar load_prostate_tumor
de sklearn.model_selection importación
train_test_split
tumor   load_prostate_tumor()

X_train, X_test, , y_train , y_test
train_test_split (tumor. datos, tumor. objetivo,

random_state1)
imprimir(X_train. forma)
impresión(X_test. forma)
```

Salida
```
(425, 40)
(144, 40)
```

Para recordarnos a nosotros mismos, nuestros datos contienen 569 puntos de datos con un total de 40 puntos de datos. El conjunto de datos se ha dividido en 425 conjuntos de datos de entrenamiento y 144 conjuntos de datos de prueba. Ahora vamos a aplicar la transformación que acabamos de aprenderen los datos del tumor de próstata.

Aquí está la codificación:
• Código para realizar la transformación de los datos

```
X_train_scaled de escalador  .
transformación(X_train)
```

• Código para imprimir propiedades de dataset tanto antes como después del escalado

```
impresión("forma transformada resultante:.
formato(X_train_scaled. forma))
imprimir("valores mínimos por entidad antes de
escalar:.n"  . formato(X_train. min(eje0))
imprimir("valores máximos por entidad antes de
escalar:.n"  . formato(X_train. máx.(eje0)))
imprimir("valores mínimos por entidad después de
escalar:.  formato(
    X_train_scaled. min(eje0))
imprimir("valores máximos por entidad después de
escalar:.  formato(
    X_train_scaled. máx.(eje0)))
```

Salida para este caso:

Forma transformada resultante: (426, 30)

Valor mínimo por entidad antes de escalar:
```
[ 6.981 9.71 43.79 143.5 0.053 0.019 0.       0.
0.106
0.05 0.115 0.36 0.757 6.802 0.002 0.002 0.       0.
0.01 0.001 7.93 12.02 50.41 185.2 0.071 0.027 0.
0. 0.157 0.055]
```

Valores máximos por entidad antes de escalar:
```
[ 28.11 39.28 188.5 2501.       0.163 0.287 0.427
0.201
0.304 0.096 2.873 4.885 21.98 542.2 0.031 0.135
0.396 0.053 0.061 0.03 36.04 49.54 251.2 4254.
0.223 0.938 1.17 0.291 0.577 0.149]
```

Valores mínimos por entidad después del escalado:
```
[0. 0. 0. 0. 0. 0. 0. 0. 0. 0. 0. 0. 0. 0. 0. 0. 0.
0. 0. 0. 0. 0. 0. 0.
0. 0. 0. 0. 0. 0.]
```

Valores máximos por entidad después del escalado:
```
[1. 1. 1. 1. 1. 1. 1. 1. 1. 1. 1. 1. 1. 1. 1. 1. 1.
1. 1. 1. 1. 1. 1. 1.
1. 1. 1. 1. 1. 1.]
```

Nuestros datos transformados tienen las mismas propiedades que los datos originales, aparte del cambio de valores que tuvo lugar. También podemos transformar los datos de prueba utilizando los mismos procedimientos que se describen a continuación:

• Código para realizar la transformación en los

datos de prueba

```
X_test_scaled de escalador   . transformación(X_test)
```
• Código destinado a la impresión de propiedades de datos de prueba después del escalado

```
imprimir("valores mínimos por entidad después de
escalar:. formato(X_test_scaled. min(eje0))
imprimir("valores máximos por entidad después de
escalar:. formato(X_test_scaled. máx.(eje0)))
```

La salida para este procedimiento se describe a continuación:

Valor mínimo por entidad después del escalado:
```
[ 0.034 0.023 0.031 0.011 0.141 0.044 0.     0.
0.154 -0.006
-0.001 0.006 0.004 0.001 0.039 0.011 0.     0. -
0.032 0.007
0.027 0.058 0.02 0.009 0.109 0.026 0.     0. -0.
-0.002]
```

Máximo por entidad después del escalado:
```
[0.958 0.815 0.956 0.894 0.811 1.22 0.88 0.933 0.932
1.037 0.427 0.498
0.441 0.284 0.487 0.739 0.767 0.629 1.337 0.391
0.896 0.793 0.849 0.745
0.915 1.132 1.07 0.924 1.205 1.631]
```

También podemos aplicar el mismo tipo de transformación tanto al conjunto de datos de entrenamiento como al conjunto de datos de prueba para el modelo supervisado. El código aquí es el siguiente:
```
Código para la fabricación de datos sintéticos
```

```
X, _ , make_blobs(n_samples50, centros5,
random_state,4, cluster_std2)
```

• Código para dividir los datos que lo establecen en
conjuntos de entrenamiento y pruebas

```
X_train, X_test , train_test_split(X,
random_state,5, test_size. 1)
```

```
#section para trazar el entrenamiento y los
conjuntos de pruebas
higo, ejes , plt. subtramas(1, 3, tamaño de
higuera(13, 4))
ejes[0]. dispersión(X_train[:, 0], X_train[:, 1],
              cmglearn. cm2(0),
etiquetaá"Conjunto de datos deentrenamiento", sa60)
ejes[0]. dispersión(X_test[:, 0], X_test[:, 1],
marcador'',
              cmglearn. cm2(1),
etiqueta:"Conjunto de datos deprueba", sa60)
ejes[0]. leyenda(locá'arriba a la izquierda del
plano')
ejes[0]. set_title("Conjunto de datos originales")
```

• escalar los datos a través de MinMaxScaler

```
escalador : MinMaxScaler()
escalador. ajuste(X_train)
X_train_scaled de escalador .
transformación(X_train)
```

```
X_test_scaled de escalador  . transformación(X_test)
```

• Visualizar datos después de un escalado adecuado
```
ejes[1]. dispersión(X_train_scaled[:,  0],
X_train_scaled[:,  1],
                cmglearn. cm2(0),
etiquetaá"Conjunto de datos deentrenamiento",  sa60)
ejes[1]. dispersión(X_test_scaled[:,  0],
X_test_scaled[:,  1],  marcadorá',
                cmglearn. cm2(1),
etiqueta:"Conjunto de datos deprueba",  sa60)
ejes[1]. set_title("Conjunto de datos escalados")
```

• Reescalar el conjunto de datos de prueba por separado
• en el conjunto de datos de prueba min a 0 y el conjunto de datos de prueba máximo a 1
```
¡ESTO NO ES NECESARIO! Sólo con fines ilustrativos.
test_scaler - MinMaxScaler()
test_scaler. ajuste(X_test)
X_test_scaled_badly test_scaler  .
transformación(X_test)
```

• Visualizar datos que se han escalado injustamente
```
ejes[2]. dispersión(X_train_scaled[:,  0],
X_train_scaled[:,  1],
```

```
                    cmglearn. cm2(0),
etiqueta:"conjunto de datos deentrenamiento",  sa60)
ejes[2]. dispersión(X_test_scaled_badly[:,  0],
X_test_scaled_badly[:,  1],
                    marcador'' ',  c-mglearn. cm2(1),
etiqueta:"conjunto de datos deprueba",  sa60)
ejes[2]. set_title("Datos escalonados injustamente")
para hacha en  ejes:
    hacha. set_xlabel("Característica uno")
    hacha. set_ylabel("Característica dos")
fig. tight_layout()
```

4.4 Reducción de la dimensionalidad en el aprendizaje no supervisado

La reducción de la dimensionalidad implica la visualización, la comprensión de los datos y la obtención de una presentación más informativa justo antes del procesamiento posterior. Las técnicas involucradas en esta área se discuten a continuación:

4.4.1 Análisis de componentes principales (PCA)

El PCA implica rotar el conjunto de datos de tal manera que las características resultantes no tengan similitudes. El siguiente paso consiste en seleccionar solo esas nuevas características en función de lo útiles que sean para el modelo.

Este concepto se entiende mejor cuando se ha utilizado un ejemplo para explicar las principales áreas. Por lo tanto, vamos a poner en el ejemplo del conjunto de datos de tumor de próstata y analizarlo utilizando el principio del análisis de componentes. Aquí están los códigos para el mismo procedimiento:

```
higo, ejes , plt. subtramas(20, 3, tamaño de
higuera(20, 30))
maligno - tumor. datos[tumor. objetivo n.o 0]
benigno - tumor. datos[tumor. objetivo 1 ]


hachas . ravel()


para i en el rango(40):
    _, bins - np. histograma(tumor. datos[:, i],
binsn.o50)
    ax[i]. hist(maligno[:, i], bins,bins,
colorámglearn. cm3(0), alfa. 5)
    ax[i]. hist(benigno[:, i], binsábins,
colorámglearn. cm3(2), alfa. 5)
    ax[i]. set_title(tumor. feature_names[i])
    ax[i]. set_yticks(())
ax[0]. set_xlabel("magnitud de la característica")
ax[0]. set_ylabel("frecuencia de valor")
ax[0]. leyenda(["maligno", "benigno"],
locá"mejor")
fig. tight_layout()
```

Podemos reducir la escala de nuestros datos para extraer solo los datos necesarios. Esto es posible como se explica a continuación:

```
de sklearn.decomposition importación PCA
```

- *Código para extraer y almacenar los dos primeros componentes principales del conjunto de datos*

```
pca - PCA(n_componentsn.o2)
```

- *Aplicar el modelo de PCA a los datos del tumor de próstata*

```
pca. ajuste(X_scaled)

#data transformación en los dos primeros componentes
principales
X_pca pca . transformación(X_scaled)
impresión("forma original dedatos: .
formato(str(X_scaled. forma)))
impresión("Data reduced shape: ". formato(str(X_pca.
forma)))
```

Salida

```
Forma original de datos: (569, 40)
Forma reducida de datos: (569, 5)
```

También podemos usar el método componentes_ para ordenar las diversas columnas en los datos anteriores. Echa un vistazo a esto:

```
imprimir("Componentes de PCA después de la
clasificación:. formato(pca. components_))
```

Salida

```
Componentes PCA después de la clasificación:
[[ 0.219 0.104 0.228 0.221 0.143 0.239 0.258 0.261
0.138 0.064
```

```
0.206 0.017 0.211 0.203 0.015 0.17 0.154 0.183 0.042
0.103
0.228 0.104 0.237 0.225 0.128 0.21 0.229 0.251 0.123
0.132]
[-0.234 -0.06 -0.215 -0.231 0.186 0.152 0.06 -0.035
0.19 0.367
-0.106 0.09 -0.089 -0.152 0.204 0.233 0.197 0.13
0.184 0.28
-0.22 -0.045 -0.2 -0.219 0.172 0.144 0.098 -0.008
0.142 0.275]]
```

4.5 Agrupacion

Este es el proceso de agrupar datos en varias categorías denominadas clústeres donde esos puntos de datos dentro de un único clúster son muy mientras que los puntos de clústeres diferentes son muy diferentes. El algoritmo implica, a continuación, asignar a cada clúster un número único para la identificación. Vamos a discutir los métodos de agrupación en clústeres utilizados en el aprendizaje automático no supervisado.

4.5.1 k-means Agrupacion

Uno de los métodos de agrupación en clústeres más simples y comúnmente utilizados donde el algoritmo intenta encontrar centros de clúster que representan ciertas regiones de los datos. Para ello, el algoritmo asigna cada punto de datos al centro de clúster más cercano y, a continuación, utiliza el centro de clúster como la media de todos los puntos de datos asignados a ese centro de datos en particular. Vamos a tratar de aplicar k-means a los datos sintéticos y observar el resultado:

```
de sklearn.datasets  importar  make_blobs
de sklearn.cluster  importar  KMeans


• generar datos sintéticos de bidimensionales
X,  y  ,  make_blobs(random_state,1)


Código para crear el modelo de agrupación en
clústeres
kmeans á  KMeans(n_clusters3)
kmeans. ajuste(X)
imprimir("miembros de este clúster:. formato(kmeans.
labels_))
```

Salida
```
Miembros de este clúster:
[0 2 2 2 1 1 1 2 0 0 2 2 1 0 1 1 1 0 2 2 1 2 1 0 2 1
1 0 0 1 0 0 1 0 2 1 2
2 2 1 1 2 0 2 2 1 0 0 0 0 2 1 1 1 0 1 2 2 0 0 2 1 1
2 2 1 0 1 0 2 2 2 1 0
0 2 1 1 0 2 0 2 2 1 0 0 0 0 2 0 1 0 0 2 2 1 1 0 1 0]
```

Ver el método k-Means Agrupacion como un proceso de descomposición

Esto también se denomina cuantificación vectorial donde podemos utilizar muchos más clústeres para codificar los datos de entrada. El código se ilustra a continuación:
```
X,  y  make_moons (n_samples2000,  ruido,0,05,
random_state,0)
```

```
kmeans á  KMeans(n_clusters20,  random_statea0)
kmeans. ajuste(X)
y_pred kmeans  . predecir(X)

plt. scatter(X[:,  0],  X[:,  1],  cáy_pred,  sa80,
cmap  •'Parejado')
plt. scatter(kmeans. cluster_centers_[:,  0],
kmeans. cluster_centers_[:,  1],  sa60,
          marcador'' ',  cárango(kmeans.
n_clusters), ancho de línea2,  cmapá'Emparejado')
plt. xlabel("Característica uno")
plt. ylabel("Característica dos")
print("miembros de este clúster de clúster:.
formato(y_pred))
```

Representación gráfica y de salida

Miembros de este clúster:
```
[9 2 5 4 2 7 9 6 9 6 1 0 2 6 1 9 3 0 3 1 7 6 8 6 8 5
2 7 5 8 9 8 6 5 3 7 0
9 4 5 0 1 3 5 2 8 9 1 5 6 1 0 7 4 6 3 3 6 3 8 0 4 2
9 6 4 8 2 8 4 0 4 0 5
6 4 5 9 3 0 7 8 0 7 5 8 9 8 0 7 3 9 7 1 7 2 2 0 4 5
6 7 8 9 4 5 4 1 2 3 1
8 8 4 9 2 3 7 0 9 9 1 5 8 5 1 9 5 6 7 9 1 4 0 6 2 6
4 7 9 5 5 3 8 1 9 5 6
```

```
3 5 0 2 9 3 0 8 6 0 3 3 5 6 3 2 0 2 3 0 2 6 3 4 4 1
5 6 7 1 1 3 2 4 7 2 7
3 8 6 4 4 4 3 9 9 5 1 7 5 8 2]
```

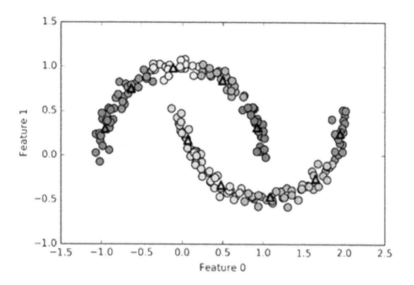

Figura 4. 1: Representación gráfica para muchos clústeres k-means

4.5.2 Agrupacion aglomerativo

Esta técnica implica el uso de muchas técnicas de agrupación en clústeres con el principio de algoritmo similar. Con este método, se combinan clústeres similares hasta que solo queda un número especificado de clústeres. La técnica se implementa utilizando el método AgglomerativeAgrupacion como se muestra a continuación:

```
de sklearn.cluster importación
AgglomerativeAgrupacion
X, y , make_blobs(random_state,1)
```

```
agg - AglomerativoAgrupacion(n_clusters3)
asignación: agg. fit_predict(X)

mglearn. discrete_scatter(X[:, 0], X[:, 1],
asignación)
plt. leyenda(["Cluster zero", "Cluster one",
"Cluster two"], locá"best")
plt. xlabel("Característica uno")
plt. ylabel("Característica dos")
```

Salida

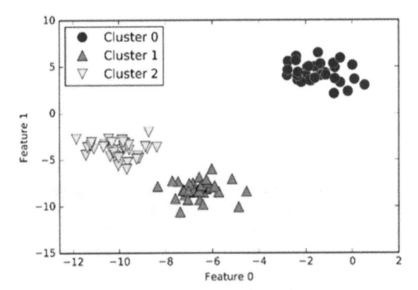

Figura 4.5 Aglomeración de racimos

4.5.3 DBSCAN

DBSCAN significa Agrupacion espacial basado en densidad de aplicaciones con ruido. Este tipo de algoritmo no requiere muchas especificaciones de usuario, pero captura automáticamente clústeres de formas complejas y organiza los datos de forma adecuada. Se implementa utilizando el método fit_predict como se muestra a continuación:

```
de sklearn.cluster importar DBSCAN
X, y , make_blobs(random_state,0, n_samples,14)


dbscan - DBSCAN()
clusters : dbscan. fit_predict(X)
imprimir("miembros de este clúster: .
formato(clusters))
```

Salida

Miembros de este clúster:
```
[-1 -1 -1 -1 -1 -1 -1 -1 -1 -1 -1 -1 -1 -1]
```

A todos los puntos de datos del ejemplo anterior se les asignó la etiqueta -1, que indica el ruido.

También podemos utilizar diferentes valores de min_samples como se muestra en el ejemplo siguiente:
```
mglearn. parcelas. plot_dbscan()
```

La salida es la siguiente:
```
min_samples: 2 eps: 1.000000 cluster: [-1 0 0 -1 0 -
1 1 0 1 -1 -1 -1]
```

min_samples: 2 eps: 1.000000 miembros del clúster:
[0 1 1 1 1 2 2 2 2 0]
min_samples: 2 eps: 2.500000 miembros del clúster:
[0 1 1 1 0 0 1 0 0 0 0]
min_samples: 2 eps: 2.000000 miembros del clúster:
[0 0 0 0 0 0 0 0 0 0 0 0 0 0]
min_samples: 3 eps: 1.000000 miembros del clúster:
[-1 0 0 -1 0 -1 1 0 1 -1 -1]]
min_samples: 3 eps: 2.00000 miembros del clúster: [0
1 1 1 1 2 2 2 2 2 0]
min_samples: 3 eps: 2.000000 miembros del clúster:
[0 1 1 1 0 0 1 0 0 0 0 0]
min_samples: 3 eps: 2.500000 miembros del clúster:
[0 0 0 0 0 0 0 0 0 0 0 0 0 0]
min_samples: 5 eps: 1.000000 miembros del clúster:
[-1 -1 -1 -1 -1 -1 -1 -1 -1 -1 -1 -1 -1 -1]
min_samples: 5 eps: 1.500000 miembros del clúster:
[-1 0 0 0 0 -1 -1 0 -1 -1 -1 -1]
min_samples: 5 eps: 2.000000 miembros del clúster:
[-1 0 0 0 0 -1 -1 0 -1 -1 -1 -1]
min_samples: 5 eps: 3.000000 miembros del clúster:
[0 0 0 0 0 0 0 0 0 0 0 0 0 0]

CAPÍTULO 5

Aprendizaje de refuerzo

El aprendizaje de refuerzo implica dónde se utilizan los datos de aprendizaje para proporcionar comentarios que determinarán cómo se ajusta el modelo a las condiciones prevalecientes para lograr el objetivo. El sistema por sí solo es capaz de evaluar el rendimiento del modelo en función de la respuesta de retroalimentación proporcionada y, a continuación, realizar los ajustes necesarios. Por ejemplo, el concepto se aplica perfectamente en los coches autónomos (Inteligencia Artificial) y también en el algoritmo maestro de ajedrez.

El aprendizaje de refuerzo como se indicó anteriormente se produce en un entorno interactivo. En otras palabras, al alumno no se le enseña de ninguna manera qué esperar, sino que se entera por sí mismo de acuerdo con las consecuencias de sus acciones, un concepto conocido como "aprendizaje orientado a objetivos". En este capítulo, cubriremos los fundamentos de RL y estaremos listos para aprender mucho. Los principales componentes RL que trataremos en esta sección se enumeran a continuación:

— Fundamentos del Aprendizaje de Refuerzo

— Algoritmo RL

— Entorno RL

— Varias plataformas RL

— Aplicaciones de Aprendizaje de Refuerzo

5.1   Fundamentos de RL

Supongamos que queremos entrenar a un perro cómo atrapar un objeto lanzado al aire. El perro puede no entender necesariamente todos los conceptos y teorías involucradas aquí. La mejor manera de lograr esto es lanzar el objeto en el aire y cada vez que el perro lo atrapa, prepárate para recompensarlo. Si el perro falla, entonces no hay recompensa. El perro eventualmente analizará qué acciones sucedieron hasta que fue recompensado. La recompensa motivará al perro a repetir las mismas acciones para obtener más y más recompensas.

Del mismo modo, en el entorno RL, es posible que pueda enseñar al modelo qué hacer, pero basado en recompensas positivas, el modelo tenderá a repetir ciertas acciones. El agente en este asunto o un modelo es más sensible a las recompensas positivas y olvidar las acciones que condujeron a recompensas negativas.

A veces, tenemos escenarios de recompensas retrasadas o solo se pueden dar cuando se realiza la tarea. Puede haber recompensas o no recompensas en cada paso solo para confirmar si hay errores.

Supongamos que usted debe enseñar a un robot sobre cómo navegar a través de sin golpear una montaña.

Una regla sería quitar 10 puntos cuando el robot golpeó una montaña y se queda atascado. A través de esto el robot entenderá que cada vez que llega a una montaña, hay una recompensa negativa y por lo tanto no golpeará la montaña de nuevo.

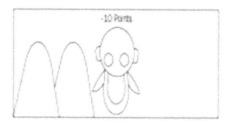

La otra regla sería dar al robot 20 puntos cada vez que navega en la dirección correcta. Por supuesto, el robot debe tratar de maximizar las recompensas permaneciendo en el camino correcto.

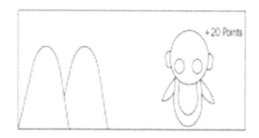

El modelo aquí o agente (robot) puede aplicar dos conceptos básicos de RL para navegar sin problemas y obtener más recompensas. El modelo RL puede decidir **explorar** diferentes posibilidades para obtener más recompensas. Y en este caso, hay una mayor posibilidad de que el agente funcione mal ya que podría utilizar los cationes incorrectos. La otra forma es **explotar** sólo las acciones anteriores que resultaron en recompensas positivas. Cuando el modelo sigue el camino de explotar sólo las acciones anteriores conocidas, existe una mayor posibilidad de que se pierda las mejores acciones aunque recibirá recompensas. Y desafortunadamente, es imposible realizar exploración y **explotación** al mismo tiempo.

5.1.1 Agente

Un agente básicamente es un programa de software que es capaz de tomar decisiones inteligentes y es un aprendiz en RL. Toman decisiones y actúan de acuerdo con el entorno de interacción más las recompensas que siguen.

5.1.2 Interfaz de entorno del agente

El ser un agente es un software inteligente es capaz de realizar una función, A_t en el momento, t, y luego pasar del estado A_t al siguiente estado etiquetado A_{t+1}. Una vez más de acuerdo con la acción, el agente recibe recompensas, R.

5.1.3 Modelo

Esto representa el entorno de aprendizaje del agente. El aprendizaje aquí puede ser a través de un aprendizaje basado en modelos o sin modelos. Para el aprendizaje basado en modelos, el agente es libre de explotar toda la información previamente aprendida antes de tomar una decisión. El aprendizaje sin modelo, por otro lado, implica dónde el agente depende completamente del método de prueba y error para realizar la acción requerida. Por ejemplo, cuando desea mudarse a la universidad desde casa, utilice el conocimiento previo de las rutas a la universidad o simplemente pruebe diferentes rutas y finalmente elija el método más rápido.

5.1.4 Función de política

Una directiva básicamente es lo que controla cómo se comporta el agente en el entorno. La naturaleza conductual del agente depende del tipo de directiva bajo la que opera. De nuestro ejemplo anterior sobre cómo llegar a la universidad desde casa, las diversas rutas representan las diferentes políticas posibles. Algunas rutas pueden ser muy cortas, mientras que otras son cortes largos. Las rutas se denominan políticas, ya que son las pautas para alcanzar su objetivo final. Siempre se utiliza el **símbolo** " para denotar una política.

La mayoría de las directivas siempre se representan en una tabla de búsqueda o como un proceso de búsqueda complejo.

5.1.5 Función de valor

Siempre hay una función de valor para todos y cada uno de los estados del agente. Esta función proporciona lo rentable que es para el agente estar ubicado en un estado determinado. La función depende de la directiva y se denota mediante *v(s)*. La función Value representa el total de recompensas esperadas recibidas por el agente desde el estado inicial. Los distintos tipos de función de valor incluyen:

Función de valor óptimo: Proporciona el valor más alto para todos los estados en comparación con las otras funciones de valor. Por lo tanto, es la política óptima la que tiene la función de valor óptimo.

*Política estacionaria: este tipo de política implica dónde los rendimientos de distribución de acciones dependen totalmente de*los dos últimos estados visitados por el agente.

Política fija determinista: Esta es una política que es capaz de seleccionar de manera determinista una acción del agente en función de su estado actual

211

5.2 Algoritmos para el aprendizaje de control

Hay varios algoritmos aplicados para reforzar el aprendizaje como se describe a continuación:

5.2.1. Criterio de Optimalidad

Se espera que un agente de aprendizaje cometa errores durante sus primeros momentos de entrar en el medio ambiente. Así que el agente se supone que recibe recompensas con descuento si quiere alcanzar objetivos óptimos. La directiva establecida aquí debe ser la que espera un rendimiento mínimo del propio agente. Hay dos políticas que están totalmente involucradas en la obtención de la óptimaidad, es decir, una política óptima, una política estacionaria determinista y una política estacionaria.

5.2.2. Fuerza bruta

Este algoritmo RL incluye los siguientes procesos:

1. Cualquier posible política hay devoluciones de muestra acumuladas en ella

2. Se selecciona la política con los rendimientos más esperados.

Los problemas con este algoritmo incluyen: El número de políticas puede ser extremadamente grande de infinito, por lo tanto, difícil de manipular. Otra posible cuestión sería una dificultad para abordar una política de rendimientos variados. Imagine una política con una variación tan grande en sus rendimientos. Obtener el valor medio de los rendimientos por directiva puede ser tedioso a veces.

5.2.3. Enfoques de la función de valor

Este tipo de algoritmo intenta obtener el máximo de retornos manteniendo un conjunto de retornos estimados para algunas directivas concretas, ya sea la directiva actual o la directiva óptima. Una directiva que logra el máximo rendimiento del estado inicial se puede considerar mejor para la aplicación.

5.2.4. Búsqueda directa de políticas

Otra forma posible de determinar la mejor política implica tener que buscar directamente desde algún conjunto de espacios de políticas. Los dos métodos utilizados aquí son: métodos basados en degradados y sin degradados. La búsqueda basada en radiente g implica dónde se empieza a asignar de parámetros dimensionales finitos a específicos donde se encuentra el espacio de directivas.

5.3. Aplicaciones de Aprendizaje de Refuerzo

Entre las vastas áreas de solicitud de RL, algunas todavía están en investigación y, sin embargo, algunas ya están implementadas. Estas áreas incluyen:
- Evaluación empírica a gran escala
- Representación del estado predictiva
- Aprendizaje permanente
- Aprendizaje basado en dopamina en el cerebro
- Parte del modelo para el aprendizaje de habilidades humanas
- etcetera.

CAPÍTULO 6

Minado de Datos

6.1 Introducción

Esto representa una sección de aprendizaje automático donde los datos informan de patrones y conocimientos se extraen para un propósito particular. Esto nunca debe confundirse con la extracción de datos que es la extracción analítica de información y análisis de datos.

Por lo tanto, la minería de datos representa ese análisis automático o no automático de grandes cantidades de datos con el objetivo de obtener patrones previamente desconocidos y muy interesantes, incluidos grupos de registros de datos (análisis de clústeres). Otros tipos de criterios de análisis son la detección de anomalías donde se extraen datos para llenar un vacío en un error determinado y, finalmente, la minería de reglas de asociación para las dependencias.

6.2 Fondo

La búsqueda manual de datos ha existido desde principios de la década de 1700 y nunca se ha abandonado desde entonces. Por ahora este es un proceso que ha demostrado se rbeneficioso. Hay organismos de investigación y asociaciones en casi todos y cada uno de los países del mundo. La gente siempre creed que a través de ardiente estudio y trabajo de investigación, serán capaces de descubrir algo nuevo.

6.3 Proceso de minería de datos

El proceso de minería de datos en relación con la detección de conocimiento en bases de datos tiene el siguiente procedimiento descrito para la minería de datos:

− Selección

− Preprocesamiento

− Transformación

− Minería de datos

− Interpretación

− Evaluación

Otras empresas e industrias pueden tener procedimientos diferentes, pero el objetivo principal sigue siendo el mismo en lo que se entiende por la extracción de conocimientos. Por ejemplo, el proceso estándar de la industria cruzada para la minería de datos como se describe a continuación:

− Entendimiento del negocio

− Entendimiento de datos

− Preparación de datos

− Modelado

− Evaluación

− despliegue

6.4   Preprocesamiento

Este es un proceso justo antes de la minería de datos en sí. Se utiliza un algoritmo para establecer los datos de destino. El destino de datos debe contener los patrones de destino. Una vez más, el objetivo debe ser lo suficientemente grande como para acomodar todos los resultados previstos, pero dentro de un límite de tiempo alcanzable. Este tipo de destinos de datos vastos   suelen estar disponibles en un almacén de datos o un data mart. Una vez establecido el destino, se limpia correctamente para eliminar las secciones que contienen ruido y aquellas con enlaces que faltan o faltan datos.

6.5   Minería de datos

El proceso de minería de datos generalmente implicaseis   tareas diferentes que se deben realizar en un orden determinado para obtener resultados perfectos. Estos eventos se describen a continuación:

Detección de anomalías: la detección de registros de datos inusuales que podrían requerir más investigación o aquellos datos que podrían ser muy interesantes. Este proceso también se denomina outlier, detección de cambio o desviación.

Aprendizaje de reglas de asociación: esta tarea está conectada al modelado de dependencias donde existe una búsqueda de relaciones entre variables.

*Agrupación en*clústeres: implica el proceso de detección de grupos o clústeres que presentan algunas similitudes menos el uso de estructuras conocidas en los datos.

Clasificación: implica el proceso de generalización de estructuras de datos conocidas que se deben aplicar a los nuevos datos.

Regresión: El proceso de surgir una función que intenta modelar los datos con la mayor precisión (menos error posible).

Resumen: Implica el proceso en el que se proporciona una representación más compacta y fiable del conjunto de datos. Es en esta sección donde usted es libre de mejorar la visualización y también generar informes.

6.6 Principales aplicaciones de la minería de datos

Algunas de las principales áreas donde la minería de datos se ha utilizado desde el tiempo en memoria incluyen:
- Negocio
- Juegos
- Ciencia e Ingeniería
- Derechos Humanos
- Minería de Datos Médicos
- Minería de datos espaciales
- Minería de datos de sensores
- Minería de datos visuales
- Minería de datos musicales
- Vigilancia
- Minería temporal de datos
- Minería de patrones
- Minería de datos basada en temas

Conclusión

Por ahora usted es capaz de aplicar varios algoritmos de aprendizaje automático para el aprendizaje supervisado, el aprendizaje no supervisado y el aprendizaje de refuerzo. Este conocimiento es beneficioso cuando desea explorar otros problemas relacionados con el aprendizaje automático. Pero entonces, es importante darle más palabras de consejo, especialmente sobre cómo abordar un problema con respecto al aprendizaje automático. Algunos de estos procedimientos se han descrito en las secciones siguientes:

Abordar un problema de aprendizaje automático

Uno debe ser muy ordenado, especialmente cuando se aborda un problema de aprendizaje automático por primera vez. Procurar responder a las siguientes preguntas: en caso de que esté interesado en la detección de fraude, entonces considere:

- ¿Qué y cómo puedo medir para un modelo de predicción de fraude de trabajo?

- ¿Tengo el conocimiento para evaluar un algoritmo específico?

- ¿Cuál es la implicación final (de manera empresarial o académica) de mi modelo en caso de que tenga éxito?

Humanos en el bucle

Identifique y asigne roles de todos y cada uno de los participantes humanos en su modelo de manera adecuada.

Pasar del prototipo a la producción

Formar potrotipos creados con las características de bibliotecas de scikit-learn, involucrar al equipo de producción que debe trabajar con lenguajes de programación, incluidos: Python, R, Go, Scala, C, C++ y C lenguajes.

Pruebas de sistemas de producción

Antes de lanzar sus productos en el mercado, asegúrese de realizar las pruebas adecuadas para determinar si su producto funciona correctamente. Es en esta fase que se pueden identificar varias fallas e incluso puntos de mejora.

Siguiente paso: Este libro proporciona una ilustración perfecta para el aprendizaje automático que al final de la misma espera ser un poderoso experto en aprendizaje automático. Sin embargo, si necesita más información, algunas fuentes se han incluido a continuación para fines de referencia.

1. Siéntase libre de consultar otra literatura sobre aquellos conceptos que pueden no ser muy claros para usted. Algunos buenos libros pueden incluir: Tibshirani, y el libro de Friedman Los *elementos del aprendizaje estadístico y una perspectiva algorítmica de Stephen Marsland (Chapman y Hall/CRC)*

Paquetes de aprendizaje automático: Actualmente hay una serie de paquetes de aprendizaje automático en el mercado que están destinados a aumentar su comprensión de varios algoritmos. Algunos de los paquetes más comunes son **scikit-learn** (más interactivo y obviamente favorito), paquete statsmodels, vowpal wabbit (vw) y finalmente mllib (una biblioteca Scala construida sobre Spark)

Realizar la clasificación en sistemas de recomendación y otros tipos de sistemas de aprendizaje automático con el fin de identificar lo mejor de lo mejor.

También llevar a cabo **modelado probabilístico, programación probabilística e interconexión** con el fin de aumentar sus conocimientos sobre algoritmos de aprendizaje automático.

Otros temas más recomendados aunque muy complejos serían **las redes neuronales,** los conjuntos de datos grandes de escalado y el **aprendizaje profundo.**

Espero que ahora esté convencido del aprendizaje automático, el nuevo nicho para la creación de nuevas aplicaciones y objetos (manipulación de proyectos). Sigue cavando en esta nueva área y nunca te rindas, aún queda mucho por venir.